Unterschätzt und übersehen – Kinder und Jugendliche in Krisen

Bereits 2012 zeigte das *Leidfaden*-Heft »Kinder und Jugendliche – ein Trauerspiel« die vielseitigen Fähigkeiten und die Kreativität auf, mit denen Kinder und Jugendliche Krisen und Trauer begegnen, und es wurde deutlich, dass es eher die Unsicherheiten der Erwachsenen im Umgang mit Kindern und Jugendlichen in Trauer und Krise sind, die der Aufmerksamkeit bedürfen.

Auch in den Beiträgen in diesem Heft geht es um diese unterschiedlichen Perspektiven. Einerseits werden Kinder und Jugendliche nach wie vor von uns Erwachsenen in ihrer ausgeprägten Anpassungsfähigkeit unterschätzt. Andererseits werden sie in Krisen nicht selten übersehen, sowohl als Leidtragende in familiären Krisen, wie beispielsweise bei der Pflege der Angehörigen, als auch mit ihren Bedürfnissen nach Teilhabe, wenn enge Vertraute erkrankt oder verstorben sind – sei es das eingeschränkte Besuchsrecht von Kindern auf Intensivstationen; sei es die Isolation von trauernden Kindern und Jugendlichen in der Coronazeit; sei es der Ausschluss von Aufbahrungen oder Beerdigungen.

Wir möchten in erster Linie Erwachsene und Bezugspersonen ermutigen, ihren Blick auf Kinder und Jugendliche in Krisen und Trauer zu reflektieren, die eigenen Berührungsängste und Unsicherheiten zu überdenken und sich im besten Fall selbst mit einer Art »kindlicher Neugier« für die Sichtweisen von Kindern und Jugendlichen zu interessieren. Wir möchten Ihnen Lust machen, sich die kreativen Fähigkeiten der Kinder und Jugendlichen im Umgang mit Krisen und Trauer anzuschauen und von ihnen ein Stück weit zu lernen. Gleichzeitig möchten wir Sie erinnern, Kinder und Jugendliche in Krisen nicht aus dem Blick zu verlieren, sondern einzubeziehen und ihnen Sicherheit zu geben, ohne sie zu bevormunden.

Im Heft verteilt finden sich Zitate von Jugendlichen, die wir dankenswerterweise aus dem im OVIS-Verlag erschienenen Buch »›Das ist doch einfach nur scheiße … um es mal auf den Punkt zu bringen!‹ – Wie Jugendliche ihre Trauer erleben«[1] von Tina Geldmacher und Angela Graumann verwenden dürfen.

Peggy Steinhauser

Heiner Melching

1 Siehe auch die Buchvorstellung von Brigitte Wörner, S. 84.

4 Franziska Röseberg | Wenn Kinder und Jugendliche trauern und was ihnen helfen kann

Inhalt

12 Marion Pothmann | Mit Sicherheit durch die Krise

23 Tita Kern, Simon Finkeldei und Susanna Rinne-Wolf | Zwischen Trauma und Trauer

Wenn Kinder und Jugendliche trauern und was ihnen helfen kann

Franziska Röseberg

Leon ist 12 Jahre alt, seine Oma liegt im Sterben auf einer Palliativstation. Er möchte sie besuchen. Seine Eltern wollen, dass er sie so in Erinnerung behält, wie sie früher war.

Kinder stolpern in Trauerpfützen hinein und springen eher schnell wieder weiter. Sie regulieren damit auf gesunde Weise ihre Gefühle.

Thomas Martin_Pixabay

Hannah ist 13 Jahre alt, sie redet eigentlich nicht gern über den Tod ihres Vaters, der vor einem halben Jahr plötzlich starb. Neulich erzählte sie ihrer Mutter bei einer Autofahrt, dass sie noch wisse, wie sich die Umarmung ihres Vaters angefühlt hat, und dass sie Angst davor habe, ihn zu vergessen.

Noah ist 7 Jahre alt. In der Schule fällt er immer wieder auf, weil er impulsiv ist und Konflikte schnell körperlich austrägt. Sein Vater starb vor einem Jahr, nachdem er schon länger krank war.

Maren ist 16 Jahre alt, sie geht zur Schule, versucht das normale Leben eines Teenagers zu führen. Trotzdem ist sie oft verzweifelt und sieht manchmal keinen Sinn in ihrem Leben. Sie fragt sich, warum sie den Unfall überlebt hat, bei dem ihre zwei Jahre ältere Schwester gestorben ist.

Julian ist 14 Jahre alt. Er ist gern bei seinem Freund zu Hause. Seit dem Suizid seiner Mutter vor wenigen Wochen ist es oft schwer zu Hause. Sein Vater ist immer so traurig und fühlt sich schuldig, dass er nicht gesehen habe, wie depressiv seine Frau gewesen sei.

Nora ist 19 Jahre alt. Sie ist die Jüngste von vier Kindern und lebt als Einzige noch zu Hause. Jetzt, wo ihr Vater tot ist, hat sie Sorge, die Mutter allein zu lassen. Sie möchte eigentlich mit ihrem Freund zusammenziehen, aber was ist dann mit ihrer Mutter?

Leidfaden, Heft 1/2024, S. 4–11, ISSN (Printausgabe): 2192-1202, ISSN (online): 2196-8217, © 2024 Vandenhoeck & Ruprecht

Leon, Hannah, Noah, Maren, Julian und Nora trauern. Sie haben den Tod eines Elternteils, eines Geschwisterkindes erlebt oder werden den Tod eines Großelternteils erleben. Kinder und Jugendliche trauern auch in anderen Situationen: wenn Familien umziehen, wenn es in Freundschaften kriselt, wenn Eltern sich trennen oder wenn Haustiere sterben. Kinder trauern auch über das Leid in der Welt, über Kriege, dass Menschen sterben oder aus ihrer Heimat fliehen, und sie trauern auch, weil Menschen nur langsam umdenken angesichts der Klimakrise. Trauer gilt als angeboren, als Primäraffekt (Auchter 2019). Im Englischen werden *grief, mourning* und *bereavement* verwendet, wobei sich *grief* auf das innere Erleben von Trauer bezieht, *mourning* eher den Prozess des Umgehens mit der Trauer meint und *bereavement* eher die objektive Beschreibung der Situation bezeichnet, in der man sich nach dem Tod eines bedeutsamen Anderen befindet. Nach Auchter (2019) bleibt kein menschliches Leben von Veränderungen, Trennungen, Verlusten und Verzichten verschont. Er verweist auf Parens (2001), der Trauer als *la condition humaine* beschreibt. Insofern stellt der Umgang mit Trauer eine universelle Entwicklungsaufgabe über die Lebensspanne hinweg dar.

Wie trauern Kinder, Jugendliche und junge Erwachsene nach dem Tod eines nahestehenden Menschen?

Kinder- und Jugendtrauer ist ebenso individuell wie Trauer bei Erwachsenen. Jedoch sind Kinder und Jugendliche in besonderer Weise gefordert, weil sich ihre Ausdrucksmöglichkeiten, ihre Fähigkeiten im Umgang mit intensiven Emotionen, ihre Vorstellungen von Begriffen wie Zeit oder Ursache–Wirkung noch entwickeln. Inzwischen ist klar, dass bereits Säuglinge und kleine Kinder auf ein Verlusterlebnis reagieren (Senf und Eggert 2014), auch wenn sich das Verständnis des Todes und verbale Ausdrucksmöglichkeit der Trauer erst später entwickeln. Zahlreiche Autoren wie Wittkowski (1992) und Plieth (2001) untersuchten Todeskonzepte bei Kindern. Subkonzepte wie Irreversibilität, Nonfunktionalität, Universalität und Kausalität bilden sich im Laufe des Heranwachsens aus und werden ungefähr zwischen dem 10. und 12. Lebensjahr vollumfänglich verstanden. Die Autoren unterscheiden kognitive und emotionale Komponenten des Todeskonzepts, wobei unter anderem Wass (1995) betont, dass der individuelle Entwicklungsstand des Kindes entscheidender sei als das numerische Alter. Auch ist das Verständnis vom Tod kulturell und sozial geprägt sowie durch Erfahrungen vermittelt. Altersangaben ersetzen keinesfalls den aufmerksamen Blick auf das individuelle Kind und sein Familiensystem (Senf und Eggert 2014). Hilfreiche Darstellungen zur Entwicklung des Todeskonzepts und Trauerreaktionen bei Kindern finden sich zum Beispiel bei Senf und Eggert (2014) und Trabert (2020).

Ennulat (2009) verdanken wir das Bild, dass Kinder in Trauerpfützen hineinstolpern und eher schnell wieder weiter springen. Sie regulieren damit auf gesunde Weise ihre Gefühle. Erwachsene empfinden Trauer manchmal eher so, als würden sie durch einen Fluss waten, um im Bild von Ennulat zu bleiben. Sie erleben Traurigkeit, Sehnsucht, Wut, Einsamkeit, Angst, Schuld, Verzweiflung, Trennungsschmerz, eine Zunahme der emotionalen Belastung und spüren eine Nähe zum Verstorbenen (Münch 2020), die monatelang bis zu einem Jahr anhalten kann (Wittkowski und Scheuchenpflug 2015). Nach Wagner (2016) nehmen dann die Häufigkeit und Intensität der Belastung in der Regel ab (eine ausführliche Darstellung zum Thema »anhaltende Trauer« findet sich bei Münch 2020). Kinder erleben die genannten Emotionen auch, während bei ihnen der Trauerprozess häufig in größerer Schnelllebigkeit (Loetz und Müller 2023) verläuft: Auf Momente intensiver Trauer können schnell auch wieder scheinbar eher unbeschwerte Momente folgen.

Verlusterlebnisse prägen im Sinne von kritischen Lebensereignissen (Filipp und Aymanns 2010) Kinder und Jugendliche und bergen stärkere Entwicklungsrisiken als Verlusterlebnisse im Erwachsenenalter. Je geringer die Bewältigungsmöglichkeiten der einzelnen Kinder, je weniger interne und externe Ressourcen vorhanden sind und je instabiler ihr erwachsenes Umfeld ist, desto schwerwiegender können die Folgen für die Entwicklung von Kindern und Jugendlichen sein. Wenn die Verlusterfahrungen sehr früh eingetreten sind und es kaum oder unzureichende Begleitung durch hinreichend stabile Erwachsene für Kinder gab, kann es sein, dass grundlegende Fähigkeiten der Persönlichkeit, mit sich selbst und mit anderen differenziert umzugehen, weniger gut entwickelt sind. Eine gut integrierte psychische Struktur mit ihren fünf Dimensionen Wahrnehmung, Steuerung, Abwehr, Kommunikation und Bindung (Arbeitskreis OPD 2023) gilt als protektiver Faktor für psychische Gesundheit. Strukturelle Fähigkeiten entstehen durch die Internalisierung wiederholter Beziehungserfahrungen. Insofern kommt der Stabilisierung der Erwachsenen in der Familie, in der Kinder und Jugendlichen leben, eine besonders hohe Bedeutung zu.

Die größtmögliche Stabilität der Erwachsenen

Eine der größten Herausforderungen für trauernde Eltern mit Kindern ist, dass sie einerseits selbst hoch belastet sein können und selbst trauern, andererseits Sorge für ihre Kinder tragen. Im Sinne von hinreichend guten Eltern (*good enough parent* nach Winnicott 1979) geht es darum, trauernde Erwachsene mit Kindern darin zu unterstützen, in eine größtmögliche Stabilität zu finden, damit sie ihre Kinder eben hinreichend gut auch in der Zeit nach dem Tod eines bedeutsamen Anderen begleiten können. Im Sinne einer positiven elterlichen Haltung (*positive parenting* nach Haine et al. 2006) geht es darum, eine unterstützende, stabile und strukturierte Umgebung mit einer emotional warmen Beziehung zu schaffen, die als protektive kompensatorische Faktoren wirken können.

In der Begleitung der trauernden erwachsenen Hauptbezugspersonen sind daher Bestätigung, Raum und Erlaubnis für die eigene Trauer bedeutsam (Müller und Schnegg 2005). Auchter (2019) schlägt einen Resonanzraum in Gestalt eines Gegenübers vor, um dem Betroffenen einen Trauerraum, einen »Möglichkeitsraum« nach Winnicott (1971) zu eröffnen. Im Sinne des *Containing* nach Bion (Crepaldi 2022) geht es um Umwandlungs-, Formgebungs- und Symbolisierungsprozesse. Erleben dies Erwachsene, so können sie diese wichtige Funktion ihrerseits ihren Kindern zur Verfügung stellen und so damit dazu beitragen, auch in Zeiten der Trauer in eine größtmögliche Elternkompetenz (zurück) zu finden, die unter anderem beinhaltet, Kinder in den Blick zu nehmen, ihnen beizustehen, zu helfen, mit intensiven Gefühlen umzugehen, Worte dafür zu finden, was sie erleben, ihnen Halt, Sicherheit und irgendwann auch wieder Vertrauen in die Welt, Hoffnung, Trost und Zuversicht vermitteln zu können.

Eltern sind wichtige Modelle, an denen Kinder sich orientieren. Wenn Kinder ihre Eltern weinen sehen und diese den Kindern später erklären, was sie gedacht und gefühlt haben, lernen Kinder, dass der Ausdruck von Gefühlen sein darf und hilfreich ist. Gleichzeitig ist es wichtig, einem dauerhaften Verbleiben in altersunangemessenen Rollen, etwa einer Parentifizierung von Kindern, so gut es geht entgegenzuwirken. Indem Eltern sich selbst Unterstützung suchen, zeigen sie den Kindern, dass es sinnvoll ist, Hilfe anzunehmen, und dass nicht alles allein gelöst werden muss. Können Eltern mit anderen Erwachsenen über ihre Gedanken und Gefühle sprechen, signalisieren sie Kindern, dass das in Ordnung ist, und dies entlastet auch Kinder im Sinne von »die Erwachsenen kümmern sich umeinander, ich kann Kind bleiben und muss nicht Gesprächspartner für meine Mutter oder meinen Vater sein«.

So wäre es auch für Noras Mutter gut, ihre Trauer nach dem Tod des Ehemannes und die Trauer vor dem Auszug des letzten Kindes mit an-

Kazimir S. Malevich, Three Figures in a Field, 1928 / Bridgeman Images

Das System Familie befindet sich nach dem Tod eines Familienmitglieds in einer Entwicklungskrise. Ein soziales System wird zu einem Trauersystem, das auf eine besondere, durch die Trauer angeregte Weise interagiert.

Claude Monet, Yellow Iris with Pink Cloud, ca. 1918 / Photo © Christie's Images / Bridgeman Images

deren Erwachsenen zu teilen, vielleicht auch in einer Trauerbegleitung oder Psychotherapie. Sie würde ihrer Tochter helfen, den wichtigen Schritt Richtung Lösung vom Elternhaus, der Individuation und Autonomieentwicklung vollziehen zu können. Dass die Tochter sich diese Wünsche aktuell eher versagt, die Mutter schützen möchte und sich viel damit beschäftigt, wie es der Mutter geht, und damit im Moment eher die Verantwortung trägt, muss Noras Mutter jedoch erst bewusstwerden. Dass Kinder sich besonders stabil zeigen, weil sie intuitiv spüren, dass die Eltern keine weitere Belastung verkraften würden, ist ein häufiges Phänomen in Zeiten der Trauer in Familien.

Die systemische Perspektive

Nach Shapiro (1994) befindet sich das System Familie nach dem Tod eines Familienmitglieds in einer Entwicklungskrise. Nach Goldbrunner

(1996) wird ein soziales System zu einem Trauersystem, das auf eine besondere, durch die Trauer angeregte Weise interagiert. Rechenberg-Winter und Fischinger (2010) bezeichnen Trauerprozesse als individuelle Reifungsprozesse und systemische Entwicklungszeiten. Nach Nadeau (2010) konstruieren Individuen einen Sinn in ihren Erfahrungen in der Interaktion mit anderen. Eine systemische Trauerbegleitung ist erforderlich, »damit einerseits Trauer ermöglicht wird, andererseits die Voraussetzungen geschaffen werden, dass die Mitglieder und das gesamte System sich mit Hilfe der Trauer weiter entwickeln« (Goldbrunner 1996, S. 144).

Die Unterschiedlichkeit im Umgang mit der Trauer innerhalb einer Familie ins Bewusstsein zu rücken, unterschiedliche Bedürfnisse wahrzunehmen und nebeneinander stehen zu lassen als Ausdruck der Individualität jedes Einzelnen und seines Trauerprozesses kann sinnvoller Bestandteil der Trauerbegleitung beziehungsweise Psychotherapie sein. Kann angstfrei erlebt werden, dass es kein Richtig oder Falsch beim Trauern gibt, dass für den einen der Friedhof ein Ort der Nähe zum Verstorbenen darstellt, während der andere nicht hingehen mag, der wiederum vielleicht eher Nähe empfindet, wenn er einen inneren Dialog mit dem Verstorbenen führt, ein Foto betrachtet oder eine Erinnerungskiste wie einen Schatz hütet, so kann dieses Erleben von Unterschiedlichkeit/Getrenntheit im Trauerprozess bei der Entwicklung der eigenen Identität unterstützen.

Sowohl im Bereich der psychoonkologischen und palliativpsychologischen Begleitung als auch in der Familientrauerbegleitung gibt es systemisch orientierte Angebote, die mit den einzelnen Mitgliedern der Familie, aber auch mit der Familie als Ganzes arbeiten (Romer et al. 2014; Sandler et al. 2016). Bundesweit gibt es inzwischen Familientrauerangebote. Eltern, Kinder und Jugendliche werden in Trauerbegleitung, Trauergruppen und in Psychotherapie begleitet und unterstützt.

Was ist hilfreich im Umgang mit Kindern und Jugendlichen?

Es wäre sinnvoll, wenn der Versuch von Leons Eltern, ihn schützen zu wollen, gewürdigt und ihre eigenen Ängste hinsichtlich des Sterbens der Oma beziehungsweise der eigenen Mutter besprochen werden würden. Vielleicht wären Erklärungen gut, dass es hilfreich ist, wenn Kinder auch am Lebensende nicht ausgeschlossen werden, wenn sie beteiligt sind an den Ritualen, die Familien in dieser Zeit haben oder entwickeln, dass vielleicht der Eindruck der sterbenden Oma auf der Palliativstation natürlich kein leichter sein wird, es jedoch sein kann, dass Leon sich Schlimmeres ausmalt und mit seinen Gedanken allein ist, als wenn er wie alle anderen auch seine Oma besucht, oder dass ihm auch das Verabschieden von der verstorbenen Oma helfen kann, ihren Tod im wahrsten Sinne des Wortes zu begreifen.

Hannahs Mutter könnte es helfen zu hören, dass sie ihre Tochter darin unterstützen kann, den Vater nicht zu vergessen, indem im Alltag über den Vater gesprochen wird. Dies bedeutet, dass alle miteinander das Risiko eingehen, sich der Trauer mit all ihren Gefühlen auszusetzen und sie immer wieder zuzulassen. Oft wandeln sich die anfängliche Schwere und Traurigkeit im Verlauf des Trauerprozesses in lebendige und auch freudige Erinnerung. Der Vater kann irgendwann zum guten inneren Objekt für Hannah werden, ohne idealisiert zu werden.

Es scheint sinnvoll zu sein, dass Maren psychotherapeutisch unterstützt wird, nachdem sie den Unfall überlebt hat, bei dem die Schwester gestorben ist. Hier könnte sie über eine längere Zeit Raum für die komplexen, auch ambivalenten Gefühle haben, die mit dem Tod der Schwester und dem eigenen Überleben einhergehen. Gleichzeitig könnte ihr eigenes Erleben im Mittelpunkt stehen und sie könnte sich mit der Frage beschäftigen, welche Rolle sie und die ältere Schwester in der Familie hatten und was nun anders geworden ist, wo sie plötzlich nicht mehr das mittlere Kind ist und ihr die ältere Schwester als Vorbild und Ratgeberin fehlt. Auch die Eltern, die beide sehr belastet durch den Tod der älteren Tochter sind, könnte es entlasten, dass da noch jemand ist, der Maren stützt und begleitet.

Noah würde die Erfahrung in einer Trauergruppe für Kinder guttun, dass er nicht allein ist mit seinen Erfahrungen, dass sein Vater gestorben ist. Vielleicht kann er hier üben, seine Gefühle in Worte zu fassen oder sie mit kreativen Methoden auszudrücken. Und vielleicht hilft es Noahs Mutter, dass sie in einer Elterntrauergruppe erfährt, dass auch Wut auf das Schicksal Trauer sein kann und nicht nur Tränen und wie sie ihrem Sohn helfen kann im Umgang mit all den intensiven Gefühlen, ohne dass er sich oder anderen damit schadet.

Julians Vater könnte sich in einer Psychotherapie stabilisieren und in eine Selbsthilfegruppe für Angehörige um Suizid erleben, dass es fast allen Angehörigen nach dem Suizid eines Partners so wie ihm ergeht und sie sich fragen, wie sie es hätten verhindern können, und sich mit schuldhaften Gedanken auseinandersetzen. Dies könnte auch Julian helfen, indem der Vater auch Unterstützung darin bekommt, seinen Sohn und dessen Bedürfnisse in den Blick zu nehmen. In der Psychotherapie würde der Vater Begleitung darin finden, wie er die neue Rolle als Alleinerziehender gestalten und wie er zum Gesprächspartner seines Sohnes werden kann, wo früher die Mutter im Alltag des Sohnes eher präsent war als der bis dahin viel arbeitende Vater.

Loetz und Müller (2023) beschreiben die psychotherapeutische Arbeit mit dem sechsjährigen Shadi und seiner Mutter Aliya, die mit ihren drei Kindern nach dem Tod des Ehemannes und Vaters der Kinder aus Syrien nach Deutschland geflohen ist. Hier wird deutlich, dass Bearbeitungsprozesse Zeit brauchen, bis sich Betroffene aus dem Zustand der Erstarrung lösen können, die Erlebnisse im Zusammenhang mit dem Tod des Vaters, der Flucht und dem Verlust der Heimat fühlbar und besprechbar werden dürfen, bis sich Trauer gewissermaßen verlebendigt in einem Prozess des Hin-und-Her-Pendelns zwischen Verlustorientierung und Wiederherstellungsorientierung im Sinne des Dualen Prozessmodells der Trauer (Stroebe und Schut, 1999).

Institutionen, in den Kinder Zeit verbringen, wie Schule, Kita, Sportvereine, über die Familiensituation zu informieren, ist oft ebenfalls hilfreich. Nicht immer geht es um eine Trauerbegleitung in den Einrichtungen. Vielmehr können sie auch Orte der Normalität, der »Pause vom Trauern« für Kinder und Jugendliche sein. Es geht auch um eine Entlastung der Mütter und Väter im Sinne des nigerianischen Sprichwortes, dass es ein ganzes Dorf braucht, um Kinder aufzuziehen.

So ist die Begleitung von trauernden Kindern, Jugendlichen und jungen Erwachsenen eine zutiefst menschliche Aufgabe für alle, die mit den Trauernden in Kontakt sind: Eltern, Familie, Freunde, Nachbarn, Fachkräfte in Kitas und Schulen, im Gesundheitswesen, im Bereich von Palliative Care, Seelsorge, Trauerbegleitung und Psychologie beziehungsweise Psychotherapie. Es braucht Menschen, die Trauernden begegnen, ihnen beistehen, sie unterstützen und sie begleiten, sich den mitunter starken und belastenden Emotionen Trauernder aussetzen und dennoch selbst handlungsfähig bleiben, die die Fähigkeit besitzen, sich selbst zu beruhigen im Angesicht des Leids anderer und Nähe und Distanz zum Trauernden entsprechend dessen Bedürfnissen auszuloten, und die Tugend der Geduld aufbringen können (Auchter 2019). Es braucht gesamtgesellschaftlich ein breites Wissen zu Trauerprozessen, zu Bedürfnissen und Entwicklung von Kindern und Jugendlichen sowie deren Eltern in Trauersituationen. Es ist notwendig, gemeinsam mit Trauernden einschätzen zu können, wann eine Familie mit Unterstützung ihres bestehenden Netzwerks die Trauer bearbeiten kann, wann Hilfe von außen zum Beispiel durch Trauerbegleitung hilfreich sein kann, wann eine Beratung und Stützung der Eltern ausreicht, wann Trauerbegleitung und/oder Psychotherapie der Erwachsenen und/oder der Kinder und Jugendlichen sinnvoll oder gar notwendig ist. Auch Lebensereignisse und Übergänge im Erwachsenenalter (Heirat, die Geburt von Kindern) sowie weitere Verlusterfahrungen können frühe Verlusterfahrungen reaktualisieren und zu einer Destabilisierung und späteren Symptombildung führen. So kann es nach Verlusterfahrungen im Kindes- und Jugendalter auch im späteren Verlauf des Lebens sinnvoll sein, psychotherapeutische Unterstützung in Anspruch zu nehmen.

Daher brauchen wir einerseits gesellschaftliche Prozesse, die eine Beschäftigung mit dem Sterben, dem Tod und der Trauer unterstützen, Entscheidungen für den Ausbau der Versorgung sowie eine gesicherte Finanzierung von familienorientierter Trauerbegleitung und die Möglichkeit, bei Bedarf zeitnah Psychotherapie in Anspruch zu nehmen.

Dr. **Franziska Röseberg,** Diplom-Psychologin, Fachpsychologin Palliative Care (BDP-DGP), Psychoonkologin (DKG) und Trauerbegleiterin (BVT), arbeitet im Zentrum für Palliativmedizin am Helios Klinikum Bonn/Rhein-Sieg mit Patient:innen, Angehörigen und Familien. Sie konzipierte mit Kolleginnen das Bonner Familientrauerprojekt »Trau Dich Trauern«, begleitet Familien, die den Tod eines nahestehenden Menschen erlebt haben, und promovierte zum Thema »Familienorientierte Trauerbegleitung«. Sie ist Referentin mit Themenschwerpunkten zu Sterben, Tod und Trauer.

Kontakt: Franziska.Roeseberg@helios-gesundheit.de

Literatur

Arbeitskreis OPD (Hrsg.) (2023). Operationalisierte Psychodynamische Diagnostik. Das Manual für Diagnostik und Therapieplanung. Bern.
Auchter, T. (2019). Trauer. Gießen.
Crepaldi, G. (2022). Containing. 2. Auflage. Gießen.
Ennulat, G. (2009). Kinder trauern anders. Wie wir sie einfühlsam und richtig begleiten. Freiburg u. a.
Filipp, S.-H.; Aymanns, P. (2010). Kritische Lebensereignisse und Lebenskrisen. Vom Umgang mit den Schattenseiten des Lebens. Stuttgart.
Goldbrunner, H. (1996). Trauer und Beziehung. Systemische und gesellschaftliche Dimensionen der Verarbeitung von Verlusterlebnissen. Mainz.
Haine, R. A.; Wolchnik, S. A.; Sandler, I. N.; Millsap, R. E.; Ayers, T. S. (2006). Positive parenting as a protective resource for parentally bereaved children. In: Death Studies, 30, S. 1–28.
Loetz, C.; Müller, J. (2023) Aliya und Shadi. Die verlorenen Worte. Eine Kindertherapie. In: Loetz, C.; Müller, J.: Mein größtes Rätsel bin ich selbst. Die Geheimnisse der Psyche verstehen (S. 155–214). München.
Müller, M.; Schnegg, M. (2005). Der Weg der Trauer. Hilfe bei Verlust und Tod. 3. Auflage der Neuausgabe. Freiburg.
Münch, U. (2020). Anhaltende Trauer. Wenn Verluste auf Dauer zur Belastung werden. Göttingen.
Nadeau, J. W. (2010). Family construction of meaning. In: Neimeyer, R. A. (Hrsg.): Meaning reconstruction & the experience of loss. 4. Auflage (S. 95–111). Washington.
Parens, H. (2001). We all mourn: C'est la condition humaine. In: Akhtar, S. (Hrsg.), Three faces of mourning. Melancholia, manic defense, and moving on (S. 1–11). Northvale.
Plieth, M. (2001). Kind und Tod. Zum Umgang mit kindlichen Schreckensvorstellungen und Hoffnungsbildern. Neukirchen-Vluyn.
Rechenberg-Winter, P.; Fischinger, E. (2010). Kursbuch systemische Trauerbegleitung. 2., bearb. Auflage. Göttingen.
Romer, G.; Bergelt, C.; Möller, B. (Hrsg.) Kinder krebskranker Eltern. Manual zur kinderzentrierten Familienberatung nach dem COSIP-Konzept. Göttingen.
Sandler, I.; Tein, J. Y.; Cham, H.; Wolchik, S.; Ayers, T. (2016). Long-term effects of the Family Bereavement Programm (FBP) on spousally-bereaved parents: Grief, mental health, alcohol problems and coping efficacy. In: Development and Psychopathology, 28, 3, S. 801–818. doi: 10.1017/S0954579416000328.
Senf, B.; Eggert, L. (2014). Entwicklungspsychologische Aspekte in der Arbeit mit trauernden Kindern und Jugendlichen. In: Röseberg, F.; Müller, M. (Hrsg.): Handbuch Kindertrauer. Die Begleitung von Kindern, Jugendlichen und ihren Familien (S. 17–24). Göttingen.
Shapiro, E. R. (1994). Grief as a family process: A developmental approach to clinical practice. New York.
Stroebe, M., Schut, H. (1999). The dual process model of coping with bereavement: Rationale and description. In: Death Studies, 23, 3, S. 197–224. doi: 10.1080/04748 11899201046.
Trabert, G. (2020). Todesverständnis und Trauerreaktionen bei Kindern verschiedener Altersgruppen. https://kinderkrebskranker-eltern.de/wp-content/uploads/2020/04/Todesverst%C3%A4ndnis-und-Trauerreaktionen-bei-Kindern-Fl%C3%BCsterpost-e.V.-Mainz.pdf (Zugriff am 05.11.2023).
Wagner, B. (2016). Wann ist Trauer eine psychische Erkrankung? Trauer als diagnostisches Kriterium in der ICD-11 und im DSM-5. In: Psychotherapeutenjournal, 3, S. 250–255.
Wass, H. (1995). Death, dying and bereavement. 3. Auflage. London u. a.
Winnicott, D. (1971). Playing and Reality. London.
Winnicott, D. (1979). Die Spiegelfunktion von Mutter und Familie in der kindlichen Entwicklung. In: Winnicott, D. W.: Vom Spiel zur Kreativität (S. 128–136). Stuttgart.
Wittkowski, J. (1992). The development of healthy children's conceptions of death. In: International Journal of Psychology, 27, 3/4, S. 237.
Wittkowski, J.; Scheuchenpflug, R. (2015). Zum Verlauf »normalen« Trauerns: Verlusterleben in Abhängigkeit von seiner Dauer. In: Zeitschrift für Gesundheitspsychologie, 23, S. 169–176. doi: 10.1026/0943-8149/a000145

Mit Sicherheit durch die Krise

Marion Pothmann

Zum Auf und Ab des Lebens gehört immer beides: Momente, die wunderbar aufbauend sind, aus denen wir Kraft schöpfen … und Momente, die uns herausfordern, scheinbar den Boden unter den Füßen wegziehen und viel Kraft rauben. Wenn wir an unsere Kinder und Jugendliche denken, wollen wir ihnen solche Krisenmomente am liebsten ersparen. Kinder und Jugendliche zu schützen ist gut und wichtig. Ihnen alles zu ersparen allerdings weder möglich noch sinnvoll. Denn in jeder Krise steckt die Chance zu einem wertvollen nächsten Entwicklungsschritt.

Krisenzeiten im Leben von Kindern und Jugendlichen – von uns allen, sind Momente oder Lebensphasen, in denen Gewohntes aus der Bahn gerät. Wie ein Schrank, der umfällt … ein großer Krach, alles durcheinander, nichts mehr an seinem Platz, einiges kaputt …, zunächst kein Überblick, was passiert ist, und kein Plan, was zu tun ist.

In Krisen können Kinder und Jugendliche durch viele Ereignisse geraten: Streits mit der besten Freundin, eine Prüfung, Trennung der Eltern, Umzug, Verlust des Lieblingskuscheltiers, Tod einer geliebten Person, Schulwechsel, Konflikte innerhalb der Familie und vieles mehr! Ob ein Mensch ein Ereignis als Krise erlebt, hängt von persönlichen Erfahrungen, Fähigkeiten und Unterstützungsmöglichkeiten ab. Wenn Kinder und Jugendliche Ideen für Lösungsmöglichkeiten haben und ein Gefühl von Sicherheit vorhanden ist, wird der Moment nicht oder nicht mehr als Krise erlebt.

Kinder sind Krisen-Profis, da es in der Natur der Kindesentwicklung liegt, sich ständig auf neue, unvorhersehbare Situationen einzustellen. Nur durch neue Herausforderungen können sich neue Fähigkeiten entwickeln, was bei Kindern sehr schnell geht. Sie sind daher oft deutlich sicherer im Umgang mit krisenhaften Momenten, weil sie ständig erleben, dass sie sich neues Terrain erobern können und es Spaß macht. Sie machen sich weniger Sorgen und schaffen es, die Situationen so zu nehmen, wie sie sind, ohne zu viel zu denken und ohne sie zu sehr zu bewerten. Je älter Jugendliche werden, desto mehr verlassen sie sich auf Bekanntes. Als Erwachsene brauchen wir diese Anpassungsfähigkeiten immer seltener und sind ungeübt im Umgang mit Unerwartetem wie mit Krisen. Wir denken oft zu viel und machen uns manchmal auch zu viel Sorgen.

Krisen können Entwicklung fördern, wenn Kinder und Jugendliche merken, dass Krisen überwunden werden. Sie merken, dass mehr in ihnen steckt, als sie dachten. Sie entwickeln neue Fähigkeiten und Fertigkeiten, auf die sie später zurückgreifen können. Sie merken, dass sie nicht allein sind und es Menschen gibt, die ihnen helfen und sie schützen. Ausgestattet mit neuen Verhaltensweisen, mehr Vertrauen und Selbstwirksamkeitserwartung können überwundene Krisen sogar dazu führen, dass Ängste abgebaut werden und Kinder zuversichtlicher und gestärkter in die Zukunft blicken. Aus all diesen Gründen können wir in Krisen immer Chancen sehen und diese mit Kindern gemeinsam entdecken. Aber:

Krisen können Entwicklung gefährden, wenn Kinder und Jugendliche in schweren Situationen allein gelassen werden oder ihr Umfeld Hilflosigkeit und Panik noch verstärken. Wenn sie dauerhaft in Unklarheit und Chaos bleiben und Lö-

Leidfaden, Heft 1 / 2024, S. 12–15, ISSN (Printausgabe): 2192-1202, ISSN (online): 2196-8217, © 2024 Vandenhoeck & Ruprecht

sungsversuche nicht greifen. Wenn sie merken, dass die Erwachsenen um sie herum nicht zur Verfügung stehen und sie in ihrer Not nicht sehen. Dann besteht die Gefahr, dass sie auch in Zukunft Angst vor ähnlichen Momenten bekommen und skeptisch und befangen in ihr Leben starten. Sie trauen sich und ihrem Umfeld weniger zu und können sich nicht mehr frei und gesund entwickeln.

Ob Kinder gestärkt aus Krisen hervorgehen, hängt an vielen unterschiedlichen Punkten. Es ist die Persönlichkeit der Kinder, die beeinflusst, ob sie zuversichtlicher oder ängstlicher sind, es sind Fähigkeiten und Fertigkeiten, die ihnen helfen, ihr soziales Netz und die Ressourcen des Umfelds. Eltern oder andere erwachsene Personen in der Umgebung der Kinder können einen gesunden Umgang mit Krisen auch fördern.

Kinder sind Krisen-Profis, da es in der Natur der Kindesentwicklung liegt, sich ständig auf neue, unvorhersehbare Situationen einzustellen. Nur durch neue Herausforderungen können sich neue Fähigkeiten entwickeln, was bei Kindern sehr schnell geht.

momosu / photocase.de

Kinder in Krisen brauchen

1 Sicherheit und Ruhe

Sobald Kinder wieder Sicherheit erleben, beginnen sie die Krise positiv zu bewältigen. Das Erleben von Sicherheit können wir fördern, indem wir auf Folgendes achten:

- Sichere Orte: Wenn Sie mit Kindern über schwierige Themen sprechen, schaffen Sie einen sicheren Rahmen, sprechen Sie an einem ruhigen Ort. Ein Ort, den das Kind schon kennt, der hell ist freundlich und gemütlich. Fragen Sie das Kind, was es als sicheren Ort erlebt, und suchen Sie gemeinsam diese Orte auf. Es kann auch ein Ort in der Natur sein.
- Sichere Momente: Nehmen Sie sich Zeit, sichere Momente mit den Kindern zu schaffen. Achten Sie darauf, dass Sie selbst genügend Zeit haben, und fragen Sie, wann und ob das Kind Zeit mit Ihnen verbringen will. Achten Sie darauf, dass Sie nicht gestört werden. Stellen Sie gegebenenfalls Ihr Handy aus und weisen Sie Ablenkungen zurück.
- Sichere Atmosphäre: Vermitteln Sie Wohlwollen und Freundlichkeit. Kinder erkennen Zugewandtheit in erster Linie an einem freundlichen Gesichtsausdruck, einem Lächeln. Wenn Sie sich in einem Raum befinden, können Sie auch kleine Snacks bereit stellen.

- Sichere Sprache: Besonders mit der Art, in der Sie sprechen, vermitteln Sie Sicherheit. Sprechen Sie ruhig, nicht zu schnell und möglichst mit einer tieferen Tonlage. Sie dürfen selbst auch zwischendurch mal tief durchatmen.
- Sichere Worte: Zeigen Sie sich mitfühlend, aber unerschrocken. Wählen Sie ruhige, neutrale Worte. Worte, die das Gemüt nicht noch weiter aufheizen. Oft entsteht Panik erst durch Dramatisierung durch das Umfeld. Wenn Sie selbst »mit aufgerissenen Augen halb panisch« sagen: »Oh mein Gott, das ist ja grauenhaft, das Schrecklichste, was ich je gehört habe …«, dann kann das eher Unruhe auslösen. Besser wäre zum Beispiel: »Oh, das war sicher schwer …!«

2 Gefühlserlaubnis und Verständnis

Kinder zeigen Gefühle zum Glück in der Regel direkt und ungefiltert. Manchmal ist es für uns als Erwachsene schwer, die Gefühle des Kindes auszuhalten, wir versuchen diese dann abzuschwächen, indem wir zum Beispiel Lösungen vorschlagen, voreilig trösten oder dem Kind das Gefühl vermitteln, dass es sich anstellt oder es nicht wütend sein darf. Oft führt es dazu, dass Kinder sich schämen, denken, dass sie mit ihren Gefühlen falsch sind, und diese immer weniger zeigen. Dabei ist es so wichtig, dass Kinder lernen, dass ihre Gefühle richtig und verständlich sind.

- Spiegeln Sie fragend die Gefühle des Kindes: »Kann es sein, dass du wütend bist?«
- Erlauben Sie das Gefühl: »Oh ja, da kann man echt wütend werden!«
- Erklären Sie nicht voreilig – nach dem Motto: »Das liegt daran, dass …«
- Bewerten Sie nicht – nach dem Motto: »Das ist aber kein Grund, (zum Beispiel) bockig zu sein.«
- Zeigen Sie dosiert Ihre eigenen Gefühle: »Puh, das macht mich auch …«

3 Halt und Zuversicht

Signalisieren Sie dem Kind, dass es zwar nicht leicht ist, aber es weitergeht. Versprechen Sie dem Kind keine schnellen »alles wird gut«-Lösungen, aber signalisieren Sie, dass Sie den Weg mit dem Kind gemeinsam gehen werden. Halten Sie konstant, was gleichbleiben kann.

- Halten Sie, wenn irgend möglich, Routinen aufrecht (Tageszeiten, Schulbesuch ...).
- Begrenzen Sie verletzendes Verhalten (ein Kind darf wütend sein, aber nicht seine Geschwister schlagen).
- Zeigen Sie, dass vieles geblieben ist, das gibt Halt.
- Ermutigen Sie dazu, dass es Veränderungen geben kann.

Überlegen Sie gemeinsam:

- Eigene Ressourcen: Was hat das Kind vorher schon geschafft?
- Fremde Ressourcen: Wer kann alles helfen?
- Wie könnten kleine Verbesserungen aussehen?

4 Plan und Unterstützung

Überlegen Sie mit dem Kind den ersten Schritt. Nicht alles kann sofort gelöst und verändert werden. Vieles – gerade Gefühle – braucht Zeit. Aber es ist wichtig, dass das Kind rasch das Gefühl bekommt, dass sich etwas verändert. Dass andere helfen und dass es selbst etwas verändern kann.

- Was kann ich jetzt ändern?
- Was können andere jetzt ändern?
- Was kann erst später geändert werden?

Im letzten Schritt geben Sie dem Kind konkrete Unterstützung, aber nur an den Stellen, an denen es allein nicht weiterkommt.

- Signalisieren Sie dem Kind, dass es selbst viel lösen kann.
- Fragen Sie, ob und wodurch es Unterstützung braucht.
- Klären Sie, was Sie konkret tun können.
- Helfen Sie, andere Quellen der Unterstützung zu aktivieren.
- Unterstützen Sie ein Helfernetz.

Und nicht zuletzt: Lernen Sie von Kindern in Krisen. Entdecken Sie gemeinsam, wie die Krise das Kind und Sie stark macht. Bleiben Sie gelassen! Machen Sie sich deutlich, dass die Kinder stärker sind, als Sie denken, und dass es immer mehr Lösungsmöglichkeiten gibt, als es scheint.

Im einem kostenfreien Selbstlernkurs über das Portal »Josefstal Studienzentrum« werden Inhalte zum Umgang mit Krisen bei Kindern und Jugendlichen vertieft: https://lernen.josefstal.de/kurse/umgang-mit-krisen-bei-kindern-und-jugendlichen/

Dr. **Marion Pothmann,** Diplom-Psychologin, ist Psychotherapeutin für junge Menschen, Supervisorin Dozentin und Autorin. Sie hat ihre Praxis in Hamburg.

Kontakt: info@praxis-pothmann.de
Website: www.praxis-pothmann.de

»Was vermisse ich am meisten? Die Antwort ist einfach: Miriam.«

Carsten, 21 Jahre, eineinhalb Jahre nach dem Unfalltod seiner Freundin Miriam

Der Tod und das Mädchen

Gemälde von Edvard Munch (1899)

Reiner Sörries

Im Œuvre des norwegischen Malers Edvard Munch dreht es sich in besonderer Weise um den Lebenszyklus von Liebe, Tod und Trauer. Wie kaum ein anderer Maler erspürt er die emotionale Seite menschlicher Erfahrungen von Melancholie bis Verzweiflung und kann sie im Bild ausdrücken. Sein Werk gipfelt in *Der Schrei,* seinem wohl bekanntesten Werk.

Kaum minder ausdrucksstark ist sein Gemälde *Der Tod und das Mädchen* von 1899, das 1916 von der Bremer Kunsthalle angekauft wurde. In unnachahmlicher Weise setzt er die Erfahrung beziehungsweise die Reaktion eines kleinen Kindes angesichts seiner sterbenden oder bereits toten Mutter mit Pinsel und Farben um.

Das leicht hochformatige, 100 × 90 cm große Gemälde erfasst wie in einer ausschnitthaften Momentaufnahme ein Kind, das sich angesichts des Todes (wohl) seiner Mutter demonstrativ vom Sterbebett abwendet. Im ersten Moment des Betrachtens fällt auf, dass es sich die Ohren mit beiden Händen seiner im Ellbogen abgewinkelten Arme zuhält, sie regelrecht auf die Ohren presst. Nichts kann besser ausdrücken, dass das Mädchen das Geschehen ausblenden will. Seine beinahe wie erstarrt wirkende Haltung drückt seinen vollkommenen Widerstand gegen die Erfahrung des Sterbens aus: *Das will ich nicht, das darf nicht sein.* Man kann sich gut vorstellen, dass das Kind im nächsten Moment zornig mit dem Fuß aufstampft. Sein abgewandter Blick geht zwar in Richtung des Betrachters, aber eigentlich ziellos ins Leere.

Hinter dieser expressiven Gestik verblasst das Bild der toten Frau im Hintergrund, deren Kopf tief in das Kissen eingesunken ist, als könnte der Tod ausgeblendet werden, wenn man ihn nur nicht zur Kenntnis nimmt. Dennoch bleiben durch die helle, bleiche Farbgebung der Frau in ihrem Sterbehemd und dem ebenfalls hellen Kleidchen des Kindes beide miteinander verbunden. Trotz und Widerstand des Mädchens machen den Tod nicht ungeschehen.

Viele Interpret*innen des Bildes gehen davon aus, dass es sich gewissermaßen um ein autobiografisches Gemälde von Munch handelt, der seine Mutter als Sechsjähriger verloren hat. Sie starb an Schwindsucht. Auch nach eigenen Bekundungen bezeichnete Munch sein Leben als von Krankheit und Tod überschattet, womit große Teile seines Schaffens erklärbar sind.

Wohin man auch blickt und welche psychologische Lehrmeinung man zurate zieht, so hört oder liest man, die Reaktion von Kindern auf den Tod sei unterschiedlich, schwer einzuschätzen und unberechenbar. Ihr Verhalten schwanke zwischen Weinen und Lachen, sie agieren spontan, mal aggressiv, mal in sich gekehrt. Munch zeigt uns eine weitere, anders gelagerte Reaktion, die geprägt ist von Trotz und Widerstand. Das Mädchen weigert sich, die Wirklichkeit wahrzunehmen oder gar zu akzeptieren.

Mir scheint diese Reaktion nur bedingt mit der ersten Trauerphase nach Verena Kast vergleichbar zu sein, die von Verzweiflung, Hilf- und Ratlosigkeit geprägt ist. Menschen seien wie erstarrt, verstört und apathisch oder leugnen die Tatsächlichkeit des Todes. Hingegen ist das Mädchen trotz seiner gespannten Starrheit in Bewegung und leistet Widerstand.

In einer zweiten Fassung dieses Motivs, *Die tote Mutter und das Kind,* die auf die Jahre 1897/99

Leidfaden, Heft 1 / 2024, S. 16–18, ISSN (Printausgabe): 2192-1202, ISSN (online): 2196-8217, © 2024 Vandenhoeck & Ruprecht

Kunsthalle Bremen / Wikimedia Commons

Edvard Munch, Der Tod und das Mädchen Öl auf Leinwand, 100 × 90 cm, 1899 datiert wird und sich im Munchmuseet in Oslo befindet, öffnet sich der Blick auf das Sterbezimmer. Die Situation von Mutter und Kind ist kaum verändert, allerdings trägt das Mädchen jetzt ein kräftig rotes Kleid, das sich deutlich vom bleichen Sterbehemd seiner Mutter abhebt. Nun sind aber Erwachsene mit ins Bild gerückt; sie sind mit einer Ausnahme schwarz gekleidet und sitzen oder stehen wie hilflos, beinahe unbeteiligt herum. So gewinnt der Charakter des in starrer Bewegung verharrenden Kindes noch an Gewicht. Im Gegensatz zu den Erwachsenen fügt es sich nicht dem unumkehrbaren Geschehen, sondern lehnt sich dagegen auf. Munch drückt aus, wie sehr sich die Reaktion des Mädchens von jener der Erwachsenen unterscheidet.

»Was ich manchmal sehe, ist, ich hab durch Miriams Tod ein paar nette Leute kennengelernt, mit denen ich mich richtig gut verstehe.«

Carsten, 21 Jahre, eineinhalb Jahre nach dem Unfalltod seiner Freundin Miriam

Reiner Sörries ist evangelischer Theologe, Pfarrer der Evangelisch-Lutherischen Kirche in Bayern und Professor für Christliche Archäologie und Kunstgeschichte am Fachbereich Theologie der Universität Erlangen-Nürnberg. Er war bis 2015 Direktor des Museums für Sepulkralkultur in Kassel. Er lebt und arbeitet – inzwischen im Ruhestand – in Kröslin an der Ostsee.

Kontakt: soerries@web.de

Edvard Munch, Die tote Mutter und das Kind, Öl auf Leinwand, 104,5 cm × 179,5 cm, zwischen 1897 und 1899

Ist mein Kind traumatisiert?

Trauma erkennen und verstehen

Nadja Melina Burgio

Kinder sollten in einer sicheren, liebevollen und geschützten Umgebung aufwachsen. Bedauerlicherweise sieht die Realität manchmal anders aus. Sie erleben Naturkatastrophen, müssen aus ihrer Heimat fliehen, erfahren Gewalt und Vernachlässigung. Manche Kinder verlieren einen geliebten Menschen oder erkranken schwer. Diese traumatischen Erlebnisse können sich nachhaltig auf die gesundheitliche und psychosoziale Entwicklung eines Kindes auswirken. Umso wichtiger ist es, frühzeitig zu erkennen, wann ein Kind Anzeichen einer Traumatisierung zeigt und wie es solche Erlebnisse verarbeitet. Diesem Thema widmet sich der folgende Beitrag und gibt Einblicke in die Stärkung von Kindern und Unterstützungsmöglichkeiten bei der Bewältigung eines traumatischen Ereignisses.

Was ist ein Trauma?

Die verstärkte Aufmerksamkeit für Trauma hat nicht nur zu einem besseren Verständnis des Themas geführt, sondern auch dazu, dass der Begriff »Trauma« heute teilweise undifferenziert verwendet wird. Es ist daher zunächst zu klären, wann ein traumatisches Ereignis vorliegt.

Bei einer psychischen Traumatisierung erlebt das Kind eine Diskrepanz zwischen der als bedrohlich empfundenen Situation und seinen persönlichen Bewältigungsmöglichkeiten. Die Betroffenen fühlen sich hilflos und schutzlos, ihr Selbst- und Weltverständnis ist zutiefst erschüttert (Eichenberg und Zimmermann 2017, S. 13). Das eigentliche Trauma liegt nicht im Ereignis selbst, sondern in der Reaktion des Menschen darauf (Burgio 2022, S. 16). Es sind Gefühle der Hilflosigkeit und Ohnmacht, die das eigene Leben bedroht erscheinen lassen. Die individuell vorhandenen Ressourcen reichen nicht aus, um diese äußeren Herausforderungen zu bewältigen (Zimmermann 2017, S. 28), und führen beim Kind zu erheblichen und tiefgreifenden Belastungen, die sich sowohl körperlich als auch emotional äußern. Dies zeigt, dass das Erleben einer Situation als traumatisch von verschiedenen Faktoren der Person abhängt.

Welche Symptome können traumatisierte Kinder zeigen?

Nach Brisch (2020) und Dreiner (2018) können bei Kindern verschiedene Symptome bei traumatischen Erlebnissen beobachtet werden. Zum Beispiel haben sie Schwierigkeiten beim Einschlafen und wachen nachts auf, ohne richtig wach zu werden. Das Kind hat seine Lebensfreude verloren und zieht sich sozial zurück. Es kann in frühere Entwicklungsphasen zurückfallen, es nässt ein und übergibt sich. Oft sind die Kinder sehr ängstlich, körperlich unruhig und reagieren auf Stress mit körperlichen Symptomen. Ein traumatisiertes Kind kann sich zum Teil nicht selbst beruhigen und ist chronisch übererregt. Es zeigt distanziertes Verhalten gegenüber Fremden und/oder bizarres, stereotypes Verhalten.

Es ist möglich, dass Kinder sehr unerwartete körperliche und emotionale Reaktionen zeigen, wenn plötzlich Erinnerungen an das Ereignis oder Teile davon (re-)aktiviert werden. Dies kann beispielsweise durch ein Geräusch, einen Geruch oder Musik ausgelöst werden. In diesen Momenten fühlt sich das Kind der traumatischen Situation wieder hilflos ausgeliefert.

Leidfaden, Heft 1 / 2024, S. 19–22, ISSN (Printausgabe): 2192-1202, ISSN (online): 2196-8217, © 2024 Vandenhoeck & Ruprecht

Zu beachten ist, dass das Auftreten bestimmter Symptome nicht zwangsläufig auf ein traumatisches Ereignis hinweist. Es können auch organische Ursachen vorliegen und es ist durchaus möglich, dass sowohl traumatische Erlebnisse als auch organische Ursachen gleichzeitig für die Symptome verantwortlich sind. Eine gründliche medizinische Abklärung ist daher unerlässlich.

Nach einer traumatischen Erfahrung nehmen Kinder die Welt oft als unsicher wahr. Daher ist es wichtig, in einem ersten Schritt die Sicherheit wiederherzustellen.

Pexels/Anete Lusina

Welche Arten traumatischer Erfahrung gibt es?

Die Auswirkungen eines Traumas sind sehr individuell und hängen auch von der Art der traumatischen Erfahrung ab. Es können zwei Kategorien unterschieden werden. Es handelt sich um ein sogenanntes *Monotrauma,* wenn es sich um ein einmaliges überwältigendes Erlebnis handelt, wie zum Beispiel der Verlust eines geliebten Menschen (Eichenberg und Zimmermann 2017).

Im Gegensatz dazu stehen *komplexe Traumata,* die über einen längeren Zeitraum wirken. Diese können verschiedene Formen annehmen, etwa emotionale und körperliche Vernachlässigung, mangelnder elterlicher Schutz, andauerndes Mobbing sowie Kriegs- und Fluchterfahrungen (König 2021, S. 63). Diese wiederholten Traumatisierungen stellen eine besonders herausfordernde und schwere Belastung für die kindliche Psyche dar. Sie haben gravierende Folgen, indem sie tief in die Persönlichkeitsentwicklung und -struktur des Kindes eingreifen (Dreiner 2018, S. 44).

Wie wird Trauma verarbeitet?

Für ein tieferes Verständnis von Trauma ist auch ein Blick auf dessen Verarbeitung notwendig. Dies ist ein sensibler und zeitintensiver Prozess, der nach Eckardt (2013, S. 24) in vier Phasen abläuft:

1 **Wiederherstellung von Sicherheit:** Nach einer traumatischen Erfahrung nehmen Kinder die Welt oft als unsicher wahr. Daher ist es wichtig, in einem ersten Schritt die Sicherheit wiederherzustellen. Dazu gehören zum Beispiel die sichtbare und emotionale Verarbeitung von Verletzungen nach einem Unfall, die Rückkehr in vertraute Umgebungen wie das eigene Zimmer und die liebevolle Betreuung durch Vertrauenspersonen.

2 Wiederherstellung des Vertrauens: Traumatische Erlebnisse können das Vertrauen eines Kindes in die Welt und die Menschen um es herum erschüttern. Deshalb ist es wichtig, dieses Vertrauen wieder aufzubauen. Dabei geht es nicht nur um das Vertrauen in andere Menschen und die Welt im Allgemeinen, sondern auch um das Vertrauen in sich selbst. Kinder brauchen Unterstützung, um ein positives Selbstbild zu entwickeln und ihr Selbstwertgefühl zu stärken.

3 Integration des Traumas: In dieser Phase geht es darum, das Trauma zu akzeptieren und in das eigene Leben zu integrieren. Das bedeutet, das Geschehene anzuerkennen, aufkommende Gefühle zu erkennen und mit ihnen umgehen zu lernen. Es bedeutet auch, sich mit der Trauer um das Verlorene auseinanderzusetzen und den Verlust zu akzeptieren.

4 Rückkehr ins Leben: In der letzten Phase lernt das Kind, wieder voll am Leben teilzunehmen. Dabei geht es vor allem darum, im Hier und Jetzt präsent zu sein, Zuversicht für die Bewältigung zukünftiger Herausforderungen und Krisen zu gewinnen und das Beste aus dem Leben zu machen.

Gerade bei komplexen Traumatisierungen ist professionelle Unterstützung bei der Traumabearbeitung unerlässlich. Es ist wichtig, dass Kinder jederzeit Zugang zu qualifizierter psychologischer Hilfe haben, wenn sie diese benötigen.

Gibt es Schutzfaktoren?

Es lässt sich nicht immer verhindern, dass Kinder belastende oder traumatische Erfahrungen machen, aber der Verarbeitungsprozess und die möglichen Folgen hängen von äußeren und inneren Faktoren des Kindes ab. Es gibt Schutzfaktoren, die Kindern bei der Bewältigung helfen können. Ein wichtiger Faktor ist zunächst ein *sicheres soziales Umfeld,* durch das Kinder wesentliche Unterstützung erfahren (Eichenberg und Zimmermann 2017). Dazu gehört ein stabiles Netzwerk von helfenden Familienmitgliedern, Freunden und Bezugspersonen (Huber 2020). Bereits das Vorhandensein mindestens einer verlässlichen Bezugsperson ist ein solcher wichtiger Schutzfaktor (Reddemann und Dehner-Rau 2020). Dies kann auch eine pädagogische Fachkraft in der Kita oder Schule sein.

Eine *positive Beziehung zu Eltern und Bezugspersonen* bietet die emotionale Sicherheit und Stabilität, die durch ein traumatisches Ereignis stark erschüttert wird. Zur sozialen Unterstützung gehört aber auch die *Einbindung in eine unterstützende Gemeinschaft oder Gruppe,* die den Kindern ein Gefühl der Zugehörigkeit und Verbundenheit vermittelt. Dies kann zum Beispiel ein Sportverein oder eine Jugendgruppe sein (Weiß 2021). Gleichzeitig erleben die Kinder hier Freude an ihrer Aktivität, was nicht nur die psychische Gesundheit stärkt, sondern auch vom traumatischen Ereignis ablenken kann.

Außerdem hilft es den Kindern, wenn sie über *Strategien zur Stress- und Traumabewältigung* informiert sind. Dadurch verfügen sie über bessere Ressourcen, um mit schwierigen Situationen umzugehen, weshalb der Zugang zu diesen Informationen und die Vermittlung dieser Inhalte ebenfalls einen wichtigen Schutzfaktor darstellen. Im Folgenden wird beispielhaft eine Bewältigungsübung vorgestellt, die mit Kindern durchgeführt werden kann.

Wie funktioniert die Tresorübung?

Die Tresorübung ermöglicht Kindern, sich von belastenden Ereignissen zu distanzieren (Reddemann 2019, S. 65). König (2021, S. 239 f.) erweitert diese Übung, indem sie einen inneren und einen äußeren Tresor anlegen lässt.

Für den inneren Tresor stellt sich das Kind einen Tresor an einem frei wählbaren Ort vor. Dieser Tresor ist sicher verschlossen und nur das Kind kann ihn öffnen. In diesen Tresor können alle Gefühle, Gedanken, Bilder, alles Belastende gelegt werden. Wichtig ist, dass alles in diesem

In diesen Tresor können alle Gefühle, Gedanken, Bilder, alles Belastende gelegt werden. Wichtig ist, dass alles in diesem Tresor bleibt, bis das Kind sich entscheidet, ihn wieder zu öffnen.

andere andrea petrlik / Shutterstock

Tresor bleibt, bis das Kind sich entscheidet, ihn wieder zu öffnen.

Für den äußeren Tresor wird ein Behälter besorgt, zum Beispiel ein Schuhkarton oder eine Blechdose. Die Dinge, die in diesen Tresor gelegt werden, können beschriftet, bemalt oder symbolisch dargestellt werden. Auch dieser Tresor bleibt verschlossen und wird erst wieder geöffnet, wenn das Kind dazu bereit ist.

Bei dieser Übung ist nochmals wichtig zu erwähnen, dass, wenn es sich um traumatisches Material handelt, diese Übung in Begleitung einer professionellen Traumafachkraft durchgeführt werden sollte, um das Kind mit entsprechender Expertise zu begleiten und einen sicheren Rahmen zu schaffen.

Kann mein Kind trotz Trauma ein glückliches Leben führen?

Auch wenn Kinder Erlebnisse haben, die für sie schwer zu verarbeiten sind und möglicherweise traumatisierend wirken, können sie ein glückliches Leben führen. Geschehenes kann nicht ungeschehen gemacht werden, aber die Vergangenheit bestimmt nicht die Zukunft. Es geht darum, achtsam und aufmerksam mit den Kindern umzugehen, wahrzunehmen und in Kontakt zu bleiben. Kinder beginnen in dem Moment zurück ins Leben zu finden, in dem sie sich gesehen fühlen (König 2021) – von den Bezugspersonen, von Fachkräften, von Therapeut:innen.

Die im Kind angelegten und verfügbaren Bewältigungs- und Verarbeitungskompetenzen spielen eine entscheidende Rolle dafür, ob ein Ereignis als traumatisch erlebt wird. Gut ausgebildete Ressourcen, zu denen ein gesundes Selbstwertgefühl und eine positive Identität gehören, können dazu beitragen, psychische Erkrankungen nach belastenden Situationen zu verhindern oder zumindest deren Auswirkungen zu mildern. Es ist daher von großer Bedeutung, Kinder in diesem Prozess der Ressourcenbildung zu unterstützen, und dies erfordert die aktive Beteiligung aller Personen und Institutionen, die das Kind begleiten.

Dr. **Nadja Melina Burgio** ist wissenschaftliche Mitarbeiterin in der Abteilung Pädagogik bei körperlich-motorischen Beeinträchtigungen an der Humboldt-Universität zu Berlin. Darüber hinaus hat sie sich in ihrer traumatherapeutischen Arbeit vor allem auf die Bereiche Ego-States und Körperarbeit spezialisiert.

Kontakt: nadja.burgio@hu-berlin.de

Literatur

Brisch, K.-H. (2020). Die Weitergabe von traumatischen Erfahrungen von Bindungspersonen an die Kinder. In: Rauwald, M. (Hrsg.): Vererbte Wunden. Transgenerationale Weitergabe traumatischer Erfahrungen. 2., überarb. Auflage (S. 38, S. 41 und S. 43). Weinheim und Basel.

Burgio, N. M. (2022). Ein Schutzort für die Seele – Traumata bei Menschen mit komplexer Behinderung. In: Menschen. Zeitschrift für gemeinsames Leben, Lernen und Arbeiten, 2, S. 16–17.

Dreiner, M. (2018). Trauma bei Kindern und Jugendlichen. Informationen für Lehr- und Erziehungskräfte. Köln.

Eckardt, J. (2013). Kinder und Trauma. Was Kinder brauchen, die einen Unfall, einen Todesfall, eine Katastrophe, Trennung, Missbrauch oder Mobbing erlebt haben. 2. Auflage. Göttingen.

Eichenberg, C.; Zimmermann, P. (2017). Einführung Psychotraumatologie. München.

Huber, M. (2020). Trauma und die Folgen. Trauma und Traumabehandlung, Teil 1. Überarb. Neuauflage. Paderborn.

König, V. (2021). Bin ich traumatisiert? Wie wir die immer gleichen Problemschleifen verlassen. München.

Reddemann, L. (2019). Imagination als heilsame Kraft. Ressourcen und Mitgefühl in der Behandlung von Traumafolgen. 21. Auflage. Stuttgart.

Reddemann, L., Dehner-Rau, C. (2020). Trauma verstehen, bearbeiten, überwinden. Ein Übungsbuch für Körper und Seele. 6. Auflage. Stuttgart.

Weiß, W. (2021). Philipp sucht sein Ich. Zum pädagogischen Umgang mit Traumata in den Erziehungshilfen. 9. Auflage. Weinheim und Basel.

Zimmermann, D. (2017). Traumatisierte Kinder und Jugendliche im Unterricht. Ein Praxisleitfaden für Lehrerinnen und Lehrer. Weinheim.

Zwischen Trauma und Trauer

Unterstützung von Kindern nach dem gewaltsamen Tod einer nahen Person

Tita Kern, Simon Finkeldei und Susanna Rinne-Wolf

Verlust, Schmerz und gesunde Trauer

Wenn ein Mensch plötzlich verstirbt, ist das für alle, die diesen Menschen gekannt oder sogar geliebt haben, ein großer Schock. Nichts ist mehr, wie es war – das gilt nicht nur für Erwachsene. So sehr Eltern sich wünschen, ihrem Kind den Schmerz eines solchen Verlustes ersparen zu können, so wenig ist dies möglich oder sinnvoll. Denn Trauer erleben zu dürfen ist für Große und Kleine essenziell. Nicht nur für den Abschied vom geliebten Menschen im alltäglichen Miteinander, sondern ebenso, um auf einer anderen Ebene eine neue Verbindung zu finden und fortan zu pflegen. Trauer ist also mehr als nur ein Bündel an emotionalen und kognitiven Reaktionen auf den Verlust einer geliebten Person, die dem schmerzhaften Verlust Ausdruck verleihen. Sie ist vielmehr wichtiger Teil eines individuellen Weges, der erlebte Verluste zu einem Teil der Biografie werden lässt.

In der Literatur finden sich verschiedene Trauermodelle, die einzelne Phasen, zentrale Traueraufgaben oder notwendige Entwicklungsschritte für einen gesunden Trauerweg beschreiben. Namhafte Forschende wie Kübler-Ross, Kast, Worden, Smeding und andere bieten in ihren Modellen Orientierung an bei der Begegnung mit einem der existenziellsten und zugleich alle Menschen auf natürliche Weise betreffenden Lebensthema. Angemerkt sei an dieser Stelle noch, dass die Beschreibung von Phasen oder Stufen der Trauer, die einigen Modellen ihre Struktur verleiht, unter Umständen irreführend sein kann. Missverstanden suggeriert sie einen geordneten Trauerprozess, der immer gleich, stufenweise, absehbar und überschaubar abläuft. Das wäre zu einfach gedacht. Vielmehr sind verschiedene Phasen oder Stufen der Trauer eher als eine Art Landkarte zu verstehen, die Raum lässt für den jeweils individuellen Weg, der hochindividuell Schritte in alle Richtungen umfasst und auch Stillstand und Wiederholungen umfassen kann.

Die meisten Menschen vermögen auf ihre individuelle Art und in ihrem eigenen Tempo erlebte Verluste zu begreifen, sie in ihre Erfahrungswelt zu integrieren und ihr durch den Verlust verändertes Leben neu zu gestalten. Es gibt aber auch Situationen und Umstände, die den notwendigen Trauerweg erschweren oder verhindern und so möglicherweise zur Entwicklung psychischer und/oder körperlicher Beeinträchtigungen beitragen, die ohne Hilfe von außen nicht zu bewältigen sind. Besonders bei sehr plötzlichen und unerwarteten Todesfällen kann das Begreifen des Todes oder seiner Umstände so erschwert sein, können Verarbeitungsschritte als so schmerzhaft erlebt werden, dass sie aus eigener Kraft kaum oder gar nicht zu gehen sind und psychisch eher abgewehrt oder vermieden werden. Folgen, die auf Störungsebene mit derlei Prozessen in Verbindung stehen können, sind die anhaltende Trauerstörung, Depression, Somatisierung oder Posttraumatische Belastungsstörung. Sie alle können im Zusammenhang mit traumatischen Verlusten beobachtet werden und betreffen nicht nur Erwachsene.

Die Begleitung, Beratung und Unterstützung von Kindern, Jugendlichen, ihren Bezugsperso-

Leidfaden, Heft 1/2024, S. 23–30, ISSN (Printausgabe): 2192-1202, ISSN (online): 2196-8217, nen und Fachkräften nach hochbelastenden Lebensereignissen, zu denen auch der traumatische Todesfall zählt, ist die Kernaufgabe der KinderKrisenIntervention der AETAS Kinderstiftung in München. Betroffene werden nach einem 2007 entwickelten Frühinterventionsansatz, der Aufsuchenden Psychosozial-Systemischen Notfallversorgung (APSN), begleitet. Dieser hat zum Ziel, akutes Leid zu lindern und durch gezielte Unterstützung der Entwicklung psychischer Erkrankungen entgegenzuwirken. Die Betreuung nach Suizid und Suizidversuch ist die zweithäufigste Indikation der KinderKrisenIntervention der AETAS Kinderstiftung.

Gewaltsamer Tod einer nahen Person – Häufigkeit und Folgen der Betroffenheit

Die WHO berichtet von weltweit jährlich etwa 703.000 Suiziden. Allein in Deutschland verstarben im Jahr 2021 laut offizieller Statistik 9.215 Menschen durch Suizid. Damit versterben statistisch mehr Menschen durch Suizid als durch alle sonstigen Gewaltverbrechen, Verkehrsunfälle und illegale Drogen zusammengenommen. Die Anzahl der Suizidversuche wird dabei auf 15- bis 20-mal höher als die Anzahl der Suizide geschätzt, den Schätzungen der Fachgesellschaften folgend versucht ca. alle drei Minuten ein Mensch in Deutschland sich das Leben zu nehmen. Im Durchschnitt wird davon ausgegangen, dass sechs Angehörige von jedem Suizid oder Suizidversuch betroffen sind.

Neben Suizid stellt auch der Tod durch Gewaltausübung einer anderen Person ein dramatisches, in vielen Fällen traumatisches Verlusterleben dar. Das Bundeskriminalamt erfasste im Jahr 2022 2.236 Fälle von Tötung, Totschlag und Tötung auf Verlangen in Deutschland und weitere 2.220 Menschen überlebten einen Tötungsversuch. Laut United Nations Office on Drugs and Crime entfallen in Europa zwischen 36 und 76 Prozent aller Tötungsdelikte auf Taten in der Partnerschaft und/oder in der Familie, sodass davon auszugehen ist, dass mindestens vier bis fünf primäre Familienmitglieder und/oder nahe Angehörige von jedem Tötungsdelikt betroffen sind.

Der gewaltsame Tod eines nahestehenden Menschen ist somit nicht nur ein dramatisches und hoch belastendes Lebensereignis, das zahlreiche Bereiche des Lebens der Hinterbliebenen auf komplexe Weise beeinflusst (Rynearson 2006). Es ist auch ein Ereignis, das sehr viele Menschen, Erwachsene, Kinder und Jugendliche direkt und indirekt betrifft. Internationale Forschungsergebnisse zeigen zu diesem Thema, dass sowohl ein Suizid als auch eine Tötung im Nahfeld schwerwiegende Auswirkungen auf Kinder und Jugendliche haben.

Kinder nach dem *Suizid* eines Elternteils haben selbst ein erhöhtes Risiko, psychische Erkrankungen wie Depressionen, Psychosen und Persönlichkeitsstörungen zu entwickeln. Daneben ist auch ihr Risiko, später im Leben selbst durch Suizid zu versterben (Jakobsen und Christiansen 2011), deutlich (nämlich um 82 Prozent im Vergleich zu Kindern, die einen Elternteil durch einen Unfall verloren haben) erhöht (Guldin et al. 2015). Kinder, die beim Suizid eines Elternteils jünger als sechs Jahre waren, sind dabei besonders gefährdet.

Kinder und Jugendliche, die einen Elternteil durch *Tötung* verloren haben, haben neben dem Risiko einer posttraumatischen Belastungsstörung zusätzlich ein erhöhtes Risiko für die Entwicklung von Bindungsstörungen, Anpassungsstörungen, Verhaltensstörungen, emotionalen Störungen und Verhaltensproblemen (Alisic et al. 2015). Darüber hinaus weisen jugendliche Hinterbliebene von Tötungsdelikten ein erhöhtes Risiko für schwere psychische Störungen und Selbstverletzung auf. Bei betroffenen Kindern besteht zudem ein höheres Risiko, später im Leben durch Suizid zu versterben (Jakobsen und Christiansen 2011).

Neben Gewaltausübungen, die zum Tode führen, zählen auch Ereignisse wie Suizid- oder Tötungsversuche im Nahfeld zu den höchstbelastenden Erfahrungen, die Menschen machen können.

Die Bedeutung der Bezugspersonen für die kindliche Verarbeitung

Für Kinder spielen ihre Eltern oder primären Bezugspersonen naturgegeben eine wichtige Rolle bei der Traumabewältigung und diese ist umso wichtiger, je jünger das Kind ist (Kultalahti und Rosner 2008).

Bindungstheoretische Modelle besagen, dass die Interaktion mit vertrauten Menschen einen großen Einfluss darauf hat, wie Kinder und Jugendliche schwierige Erfahrungen bewältigen und diese in ihre Entwicklung integrieren. Der »Kreis der Sicherheit« (Powell et al. 2015) macht diesen Zusammenhang deutlich, indem er modellhaft zwei zentrale Aufgaben von Bezugspersonen darstellt: Einerseits ist es ihre Aufgabe, dem Kind dabei zu helfen, neue Erfahrungen zu sammeln, die Welt zu erkunden und sich zu entwickeln. Bei großen Herausforderungen, Überforderung und schwierigen Erfahrungen sollen sie andererseits das Kind unterstützen, sich wieder in Sicherheit und auf Vertrautes zurückziehen zu können. Die Sicherheit, Unterstützung und Beruhigung, die das Kind dabei durch die Bezugspersonen erfährt, bilden die Grundlage dafür, dass das Kind wieder neue Erfahrungen machen, somit wachsen und sich entwickeln kann. Powell et al. (2015) formulieren, was Bezugspersonen über die Unterstützung des Sicherheitserlebens ihres Kindes wissen müssen: »Sei immer größer, stärker, weiser und freundlich. Wann auch immer möglich, folge meinen kindlichen Bedürfnissen. Wann immer notwendig, geh in Führung.«

Abbildung 1 zeigt eine Anwendung des Modells *Kreis der Sicherheit* und wie das Verhalten der Bezugspersonen und die Verarbeitung des Kindes in kritischen Lebenssituationen zusammenwirken.

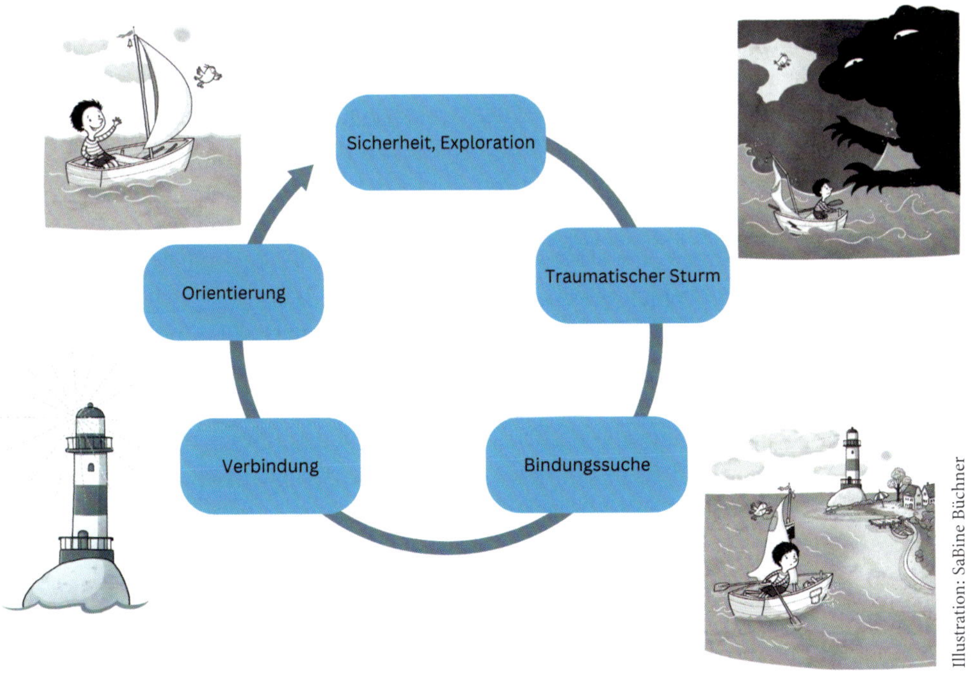

Abbildung 1: Kreis der Sicherheit

In der Bildsprache der Abbildung benötigen Seefahrerkinder nach einem traumatischen Sturm einen vertrauten Leuchtturm und schützenden Hafen, um sich verbinden und orientieren zu können. So helfen Bezugspersonen dem Kind dabei, die belastende Situation mit Unterstützung zu erleben und sie so eher in ihre Erlebenswelt und ihr Wachstum zu integrieren.

Ob und wie Eltern in der Lage sind, nach einem Schicksalsschlag oder einer hochbelastenden Erfahrung ihre Kinder zu unterstützen, kann auch mit ihrem eigenen Belastungsgrad sowie weiteren familiären Faktoren wie beispielsweise der Atmosphäre zu Hause oder dem Funktionsniveau des Familiensystems zusammenhängen. So hat sich etwa gezeigt, dass das elterliche Verhalten einen Vorhersagewert für die Schwere der posttraumatischen Symptome des Kindes hat (Williamson et al. 2017). Überbehüten geht beispielsweise mit stärkeren Symptomen einher, unterstützendes Verhalten mit schwächeren Symptomen. Auch frühe negative elterliche Bewertungen der traumatischen Situation stehen mit der späteren Schwere der posttraumatischen Symptome des Kindes in Zusammenhang (Hiller et al. 2018). Dabei spielen besonders die Bewertung der wahrgenommenen Verletzlichkeit oder anhaltenden Beeinträchtigung des Kindes, der Fokus auf negative Aspekte des Ereignisses (zum Beispiel wie verletzlich das Kind war, wie bedeutend die Bedrohung war) und (Selbst-)Beschuldigungen der Bezugspersonen eine einflussreiche Rolle. Über diese Faktoren hinaus ist zudem bekannt, dass die Verarbeitungsmöglichkeiten der Kinder stark von dem Belastungsgrad ihrer Bezugspersonen abhängen, das heißt, wenn Eltern nach dem Ereignis selbst an einer Posttraumatischen Belastungsstörung leiden, kann dies ebenfalls ein Risikofaktor für die Verarbeitungsmöglichkeiten ihrer Kinder sein (Kultalahti und Rosner 2008).

Neben diesen relevanten Verhaltensaspekten von Bezugspersonen, die die Verarbeitung von Kindern beeinflussen, spielt natürlich auch die Verbindung zum verstorbenen Menschen selbst eine zentrale Rolle. Das amerikanische Diagnosemanual DSM-5 trägt dieser Tatsache Rechnung und definiert, dass bereits der Bericht, dass eine nahe Person schwer verletzt oder verstorben ist, als mögliches Auslöseereignis für die Entwicklung einer Traumafolgestörung bei Kindern anzusehen ist.

Unterstützung von Kindern und Jugendlichen

Die Basis für alle weiteren Schritte bei der Unterstützung belasteter Kinder und Jugendlicher ist die Fähigkeit, diese Belastung überhaupt richtig zu erkennen und einzuschätzen. Denn erkennen erwachsene Bezugspersonen den Hilfebedarf, gerade bei jüngeren Kindern, nicht, wäre der Zugang zu Hilfsmöglichkeiten zwar unter Umständen möglich, wird aber nicht genutzt. Interessante Forschungsbefunde zu diesem Thema weisen darauf hin, dass Eltern und Kinder in ihren Einschätzungen von Schwere und Folgen eines Ereignisses oft nicht übereinstimmen. So wiesen die Forschenden Stover et al. (2010) nach, dass es bezüglich der Frage, wie stark sich ein Erlebnis traumatisch auf die Kinder ausgewirkt habe, keinen signifikanten Zusammenhang zwischen den Beurteilungen der Erwachsenen und Kindern gab, die Einschätzungen also keine große Übereinstimmung zeigten. Auch die Einschätzung der Kinder und die der Erwachsenen, ob ernsthafte Belastungszeichen vorhanden seien, korrespondierten nur wenig.

Eine weitere Herausforderung, mit der Eltern und Bezugspersonen nach einem traumatischen Verlust häufig konfrontiert sind, ist die Doppelrolle, in der sie sich vielfach befinden. Häufig selbst vom Verlust betroffen, muss erstens der eigene Schock und Schmerz getragen, die eigene Verarbeitung bewältigt werden, während zweitens gleichzeitig die Bedürfnisse der Kinder erkannt und versorgt werden. Noch dazu in einem Thema, das in aller Regel neu und vielfach ängstigend für alle Beteiligten ist und oft eine besondere Nähe zu Scham und Schuld aufweist, die wiederum zusätzlich erschwerend wirken.

In Anerkennung dieser großen Herausforderungen, die Todesfälle durch Suizid oder Tötung an Bezugspersonen stellen, sollte fachliche Unterstützung schnell und unkompliziert zur Verfügung stehen – insbesondere aufgrund der beschriebenen zentralen Rolle, die das Verhalten der betroffenen Bezugspersonen für die Verarbeitung betroffener Kinder hat. Wünschenswert wäre, wenn Bezugspersonen schon sehr früh Zugang zu Informationen hätten, wo sie professionelle Unterstützung finden, und dass sie diese mindestens in den folgenden drei Fällen in Anspruch nehmen sollten:

- *Wenn Leid hilflos macht*

Bezugspersonen erleben, dass sie hilflos und handlungsunfähig werden, notwendige Schritte nicht (mehr) gehen können oder mit der Einschätzung der Belastungssituation ihrer Kinder überfordert sind. Wenn Versuche der Bezugspersonen, ihre Kinder zu unterstützen, nicht greifen oder diese gegen die Intensität der eigenen oder kindlichen Belastungssymptome wirkungslos bleiben.

- *Wenn ganze Lebensbereiche schwierig werden*

Ganze Lebensbereiche des Kindes wie Schule, Freizeitaktivitäten, Hobbys oder andere werden durch Belastungssymptome stark eingeschränkt oder unmöglich.

- *Wenn Einzelsymptome sich in der Zeit nach einem traumatischen Verlust verfestigen*

Wenn einzelne Symptome, die in Folge der Belastung aufgetreten sind (wie zum Beispiel Schreckhaftigkeit, Ängstlichkeit, Albträume oder verändertes Verhalten), über die Zeit nicht schwächer werden, sich verfestigen, »einfrieren« oder immer stärker werden.

Die Verarbeitung schmerzhafter Verluste geschieht Schritt für Schritt und im Laufe der Zeit. Welche Art von Unterstützung hilfreich ist, kann je nach Zeitpunkt und persönlichem Verarbeitungsprozess unterschiedlich sein.

Ein Bild, das von vielen Menschen schon in der frühen Zeit als sehr hilfreich erlebt wird, ist das *Ruderboot.* Es ist sowohl für Kinder als auch für Jugendliche und Erwachsene und ganze Familiensysteme leicht zu verstehen und praktisch umzusetzen:

Illustration: SaBine Büchner

Das Bild des Ruderbootes verdeutlicht bildhaft, was notwendig ist, um in schwierigen und anstrengenden Lebenssituationen bei Kräften zu bleiben und voranzukommen. Das eine Ruder symbolisiert die Auseinandersetzung mit dem Geschehenen. Das andere Ruder steht für all das, was hilft Kraft zu tanken, den »Akku« aufzuladen und Pausen von den schweren Themen einzulegen. Nur wenn die individuell richtige Balance zwischen beiden Rudern gefunden wird – übertragen also mit beiden Rudern gerudert wird –, dreht sich das Boot nicht im Kreis und gelingt die Bewegung nach vorn. Hilfreiche Strategien für das eine und das andere Ruder lassen sich ganz individuell oder für die gesamte Familie suchen und finden.

Neben dieser grundlegenden Balance zwischen belastenden Themen und allem, was Kraft bringt, können praktische Handlungshinweise eine erste Orientierungshilfe für Bezugspersonen sein und zu etwas mehr Sicherheit im Umgang mit betroffenen Kindern führen. Beispielhaft könnte eine solche Handreichung folgende Punkte umfassen:

Werden Sie selbst zum Leuchtturm

Orientierung und Verbindung sind zutiefst stabilisierende Faktoren in Zeiten mit hohem Seegang. Dazu gehören zwei Seiten: »Es ist schrecklich und traurig, was passiert ist« und »Ich bin für dich da, gemeinsam schaffen wir das, einen Schritt nach dem anderen«. Finden Sie angemessene Worte für Ihre eigenen Gefühle und signalisieren Sie, dass Sie diese gut versorgen, dass sie dazugehören und nicht bedrohlich sind.

Sprechen Sie darüber – aber richtig

Zeigen Sie Gesprächsbereitschaft. »Wenn du Fragen hast oder reden möchtest, bin ich da«, ist hilfreicher als detailreiche Informationen, die Ihr Kind (in diesem Moment) vielleicht nicht hören möchte oder die es überfordern. Orientieren Sie sich an den Fragen, die Ihr Kind gerade wirklich stellt, und respektieren Sie die Grenzen, die es direkt oder indirekt setzt. Es gibt sichere Wege, mit Kindern auch über schwierigste Inhalte zu sprechen und so ein gutes Team zu bleiben. Holen Sie sich Hilfe an Ihre Seite, um Worte zu finden, mit denen Sie sich selbst sicher fühlen.

Nicht erziehen, sondern Halt geben

In anstrengenden Zeiten, bei Verunsicherung und Angst, kann es für Kinder schwieriger sein, ihre Gefühle zu regulieren, auch in Bereichen, die nicht unmittelbar mit dem Thema zu tun haben. Gerade ist nicht die richtige Zeit, um zu erziehen, sondern um liebevoll Halt zu geben. Seien Sie klar, üben Sie aber einen weicheren Blick auf Ihr Kind und auch auf sich selbst. Halten Sie an gewohnten, vorhersagbaren Abläufen fest und geben Sie dem Thema nicht zu wenig, aber bitte auch nicht unbegrenzt viel Raum. Kinder brauchen die Chance, ein Gegengewicht zum Schweren zu spüren, da sie sonst von dem Gefühl überwältigt werden, keinen Boden mehr unter den Füßen zu haben.

Kopf, Herz und Körper zur Ruhe bringen

Schwierigkeiten rund um das Thema Schlaf können viel Kraft kosten. Finden Sie zusammen mit Ihrem Kind bewährte oder neue Einschlafhilfen und erklären Sie, dass unser Kopf in der Nacht versucht, Erlebtes »aufzuräumen« und so zum Teil auch ängstigende Inhalte auftauchen. Betonen Sie, dass unser Kopf diese Bilder macht und sie nicht echt sind.

Reduzieren Sie nach schlimmen Ereignissen möglichst alle »andere Gewalt« im Leben Ihres Kindes. Filme, Hörspiele oder Videospiele mit grausamem oder gruseligem Inhalt können den Daueralarm »füttern« und so noch zu Schrecken und Überlastung beitragen.

Viele Kinder empfinden Körperkontakt als wohltuend. Fragen Sie nach, was Ihrem Kind guttut, und denken Sie an verschiedene Möglichkei-

Illustration: SaBine Büchner

ten, um dem Körper wohlzutun. Das kann die Kuscheldecke, der leckere Tee oder Ausruhen am Lieblingsplatz sein.

Seefahrerkinder brauchen stabile Leuchttürme

Die Hinweise zum hilfreichen Umgang mit betroffenen Kindern können nur dann wirken, wenn es Menschen gibt, die in der Lage sind, diese umzusetzen. Grundvoraussetzung dafür ist ein Mindestmaß an eigener Stabilität. Es ist eine herausfordernde Aufgabe, selbst stabil zu bleiben und gleichzeitig dafür zu sorgen, dass die eigenen Kinder eine vergleichslos schwere Zeit bewältigen.

Vor allem, wenn Herz und Verstand unter Umständen immer wieder sagen, dass es gerade Wichtigeres zu tun gibt, als Zeit in Selbstfürsorge zu investieren. Das gilt ungleich stärker, da bei von Suizid oder Tötung betroffenen Bezugspersonen gleich zwei existenzielle Themen zusammenkommen: das gewaltsame Versterben einer nahen Person *und* der Schutzimpuls den eigenen Kindern gegenüber. Beide Themen ziehen mit großer Intensität die Aufmerksamkeit und damit die Kraft weg von der eigenen Person, hin zu den anderen.

Doch um ein stabiler *Leuchtturm* zu sein, ist genau dies entscheidend: die Fähigkeit, weiter auf sich selbst zu achten, die eigenen Kraftreserven nicht aus den Augen zu verlieren und Maßnahmen zu ergreifen, um selbst auf den Füßen zu bleiben. Denn niemand kann ein starkes Licht ausstrahlen, wenn die eigene Energie erschöpft ist. Und dieses Licht ist es, was betroffene Kinder und Jugendliche immer, aber besonders in schweren Zeiten brauchen: ein Licht, das ihnen Richtung und Hoffnung signalisiert.

Ein Bild, das auch für Fachkräfte selbst von Bedeutung sein kann. In existenziellen Bereichen, die tief schmerzhafte Themen des Lebens berühren, können auch die Profis Leuchtturm sein – und zwar für die Leuchttürme – und brauchen ebenso wie diese einen festen Stand, guten Blick auf sich selbst und hilfreiche Unterstützung, um diese Beratungswege sicher und nicht allein gehen zu müssen.

Fazit

Der Suizid/-versuch als auch die versuchte/vollendete Tötung einer nahen Person stellen besondere Arten von Verlust für Kinder und Jugendliche dar und betreffen zahlreiche Familien. Diese Todesfälle gehen mit einem erhöhten Risiko einher, dass gesunde Trauerprozesse ins Stocken geraten und sich traumatische Belastungen entwickeln.

Die Belastung und das Erleben von Handlungsfähigkeit der Bezugspersonen sind von zentraler Bedeutung für die Belastung von Kindern und Jugendlichen. Bezugspersonen müssen daher zentral in jede Beratung von Kindern und Jugendlichen nach Suizid/-versuch und Tötung einbezogen sein.

Unterstützung von Kindern, Jugendlichen und ihren Bezugspersonen nach diesen tragischen Verlustereignissen bedarf neben eines sensiblen Blicks auf Trauerthemen auch eines Blicks auf traumatische Verarbeitungsprozesse und spezifische Unterstützung.

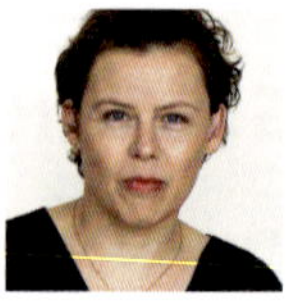

Tita Kern ist Fachliche Leitung der AETAS Kinderstiftung. Sie ist Psychotraumatologin und Systemische Familientherapeutin und entwickelte 2007 das Konzept »Aufsuchende Psychosozial-Systemische Notfallversorgung« (APSN), nach dem die KinderKrisenIntervention der AETAS Kinderstiftung arbeitet.

Kontakt: t.kern@aetas-kinder-stiftung.de

Simon Finkeldei ist Psychotherapeutische Leitung der AETAS Kinderstiftung. Zusätzlich arbeitet er als Dozent, Supervisor und Lehrtherapeut, er ist Mitglied im Aufsichtsrat im Trauma Hilfe Zentrum München e. V.

Kontakt: s.finkeldei@aetas-kinder-stiftung.de

Susanna Rinne-Wolf ist Gesundheitswissenschaftlerin und Wissenschaftliche Mitarbeiterin bei der AETAS Kinderstiftung, wo sie seit Anfang 2022 das Wissenschaftsteam leitet.

Kontakt: s.rinne-wolf@aetas-kinder-stiftung.de

Literatur

Alisic, E.: Krishna, R. N.; Groot, A.; Frederick, J. W. (2015). Children's mental health and well-being after parental intimate partner homicide: A systematic review. In: Clinical Child and Family Psychology Review, 18, 4, S. 328–345. https://doi.org/10.1007/s10567-015-0193-7

Guldin, M.-B.; Li, J.; Pedersen, H. S.; Obel, C.; Agerbo, E.; Gissler, M.; Cnattingius, S.; Olsen, J.; Vestergaard, M. (2015). Incidence of suicide among persons who had a parent who died during their childhood. In: JAMA Psychiatry, 72, 12, S. 1227–1234. https://doi.org/10.1001/jamapsychiatry.2015.2094

Hiller, R. M.; Meiser-Stedman, R.; Lobo, S.; Creswell, C.; Fearon, P.; Ehlers, A.; Murray, L.; Halligan, S. L. (2018). A longitudinal investigation of the role of parental responses in predicting children's post-traumatic distress. In: Journal of Child Psychology and Psychiatry, 59, 7, S. 781–789. https://doi.org/10.1111/jcpp.12846

Jakobsen, I. S.; Christiansen, E. (2011). Young people's risk of suicide attempts in relation to parental death: A population-based register study. In: Journal of Child Psychology and Psychiatry, 52, 2, S. 176–183. https://doi.org/10.1111/j.1469-7610.2010.02298.x

Kultalahti, T. T.; Rosner, R. (2008). Risikofaktoren der Posttraumatischen Belastungsstörung nach Trauma-Typ-I bei Kindern und Jugendlichen. In: Kindheit und Entwicklung, 17, 4, S. 210–218. https://doi.org/10.1026/0942-5403.17.4.210

Powell, B.; Cooper, G.; Hoffman, K.; Marvin, B. (2015). Der Kreis der Sicherheit. Die klinische Nutzung der Bindungstheorie. Lichtenau/Westf.

Rynearson, E. K. (2006). Violent death: Resilience and intervention beyond the crisis. New York.

Stover, C. S.; Hahn, H.; Im, J. J. Y.; Berkowitz, S. (2010). Agreement of parent and child reports of trauma exposure and symptoms in the early aftermath of a traumatic event. In: Psychological Trauma: Theory, Research, Practice, and Policy, 2, 3, S. 159–168. https://doi.org/10.1037/a0019156

Williamson, V.; Butler, I.; Tomlinson, M.; Skeen, S.; Christie, H.; Stewart, J.; Halligan, S. L. (2017). Caregiver responses to child posttraumatic distress: A qualitative study in a high-risk context in South Africa. In: Journal of Traumatic Stress, 30, 5, S. 482–490. https://doi.org/10.1002/jts.22215

»Was hilft mir, wenn es stürmt?«

Kinder erleben die Trennung/Scheidung ihrer Eltern

Dagmar Bojdunyk-Rack

Eine Trennung oder Scheidung stellt für alle Familienmitglieder eine große Herausforderung dar. Gewohntes muss aufgegeben werden und das gesamte Familiensystem befindet sich in einem emotionalen Ausnahmezustand. Für Kinder bricht meist eine Welt zusammen.

In Deutschland und in Österreich ist jedes dritte (in Ballungszentren jedes zweite) Kind im Laufe seines Aufwachsens von der Trennung oder Scheidung seiner Eltern betroffen. Scheidung ist somit zu einem Allerweltschicksal geworden. In dieser alltäglichen Realität neigen Eltern dazu, die Auswirkungen auf die Kinder zu übersehen. Eine Trennung oder Scheidung ist für Kinder aber immer eine tiefgreifende Veränderung, die nicht nur die Gegenwart, sondern auch ihre Zukunft beeinflussen kann.

Oftmals werden die Trauer, die Wut, die Ängste, die Schuldgefühle, die Verzweiflung und Hilflosigkeit der Kinder übersehen, da die Eltern meist mit ihren eigenen Gefühlen und Problemen und der Neustrukturierung ihres Alltags beschäftigt sind.

Zusätzlich sind Eltern in einem emotionalen Dilemma: Für die meisten steht das Wohl ihres Kindes an erster Stelle und es ist ihnen wichtig, dass es glücklich und gesund aufwächst. Wenn sie sich jedoch in einer Trennungssituation befinden, tendieren sie dazu, die Auswirkungen der Trennung auf ihre Kinder zu verdrängen oder zu leugnen, deren Bedürfnisse und Emotionen nicht ausreichend wahrzunehmen oder angemessen auf diese zu reagieren. Dies geschieht aus einem natürlichen Schutzinstinkt heraus, da sie sich die negativen Folgen ihrer Entscheidung für ihr Kind nicht eingestehen möchten.

Die Entscheidung, sich zu trennen, liegt immer bei den Erwachsenen und soll unabhängig von den Kindern getroffen werden. Ein konfliktreiches Umfeld ohne liebevollen Umgang miteinander hat auf die psychische Entwicklung von Kindern gravierendere Auswirkungen als eine Trennung. Auch ergibt es keinen Sinn, mit der Trennung zu warten. So etwas wie ein günstiges Scheidungsalter gibt es nicht.

Wie gut es einem Kind gelingt, die neue Familiensituation anzunehmen, ist nicht eine Frage von Zufall oder Schicksal. In erster Linie sind es die Eltern, die dazu beitragen können, dass Kinder die Situation gut bewältigen. Entscheidend ist, ihre Bedürfnisse und Emotionen wahrzunehmen und sie zu unterstützen, die Herausforderungen zu bewältigen.

»(…) als Leo gestorben ist, da musste dann der Rollstuhl hier weg. Da dachte ich mir, ich darf mich da reinsetzen, aber ich glaube, dass ich mich da nicht reinsetzen durfte.«

Jan, 12 Jahre, sein Bruder Leo starb mit 20 Jahren

Leidfaden, Heft 1 / 2024, S. 31–34, ISSN (Printausgabe): 2192-1202, ISSN (online): 2196-8217, © 2024 Vandenhoeck & Ruprecht

Wie geht es den Kindern? Reaktionen und Erleben

Eine Scheidung oder eine Trennung der Eltern löst bei Kindern ein Gefühlschaos aus. Über ihre Gefühle und die neue Lebenssituation zu sprechen fällt ihnen oft schwer. Auch diejenigen, die scheinbar nicht reagieren, sind oft von intensiven Gefühlen betroffen – sie zeigen es nur nicht.

Wie Kinder eine Trennung erleben und darauf reagieren, ist abhängig vom Alter, der Persönlichkeit des Kindes, der Zeit vor, während und nach der Trennung sowie der Beziehung zu beiden Elternteilen. Folgendes erleben aber alle gleich:

- Die Kinder zeigen unterschiedliche *Gefühle.*
  - Sie reagieren mit Trauer auf die Trennung:
    - Die Trennung bedeutet oft den Verlust des bisherigen Familienlebens und des täglichen Zusammenlebens mit beiden Elternteilen.
    - In vielen Fällen verbringt das Kind nach der Trennung weniger Zeit mit einem der Elternteile, was den Verlust einer engen Beziehung und emotionalen Unterstützung bedeuten kann.
    - Elterliche Konflikte während oder nach der Trennung können Kinder stark belasten und Trauer auslösen.
  - Sie sind verunsichert, wenn sie notwendige Informationen rund um die Trennung nicht erhalten.
  - Kinder neigen oft dazu, die Schuld für die Trennung oder Scheidung auf sich zu nehmen.
  - Sie pendeln hin und her zwischen der Wut auf den einen oder anderen Elternteil und Gefühlen der eigenen Schuld und des Versagens.
  - Sie fühlen sich hilflos, weil sie spüren, dass sie die Situation nicht ändern können.
  - Die neue, unbekannte Situation, verbunden mit der Unsicherheit, wie es weitergehen wird, ruft Ängste und Fantasien hervor. Das Vertrauen des Kindes in das Leben ist erschüttert.
  - Oft fallen Kinder in ihrer Selbstständigkeit und ihren Bedürfnissen und/oder Leistungen vorübergehend auf eine frühere Entwicklungsstufe zurück (Regression).
  - Je jünger die Kinder sind, umso weniger können sie die Scheidung getrennt von ihrer Person sehen. Sie sind verletzt und gekränkt, denken: »Papa hat mich nicht mehr lieb, darum ist er ausgezogen« oder »Mama mag mich nicht mehr!«. Das Kind fühlt sich persönlich verlassen, es findet sich nicht liebenswert, nicht brav genug etc. Dementsprechend leiden Scheidungskinder an einem Verlust ihres Selbstwertgefühls.
  - Die Kinder verlieren ihre gewohnte Lebenswelt. Sie müssen sich an neue Wohnsituationen, Schulen und Routinen anpassen, was zusätzlichen Stress verursachen kann.

- Auch machen Kinder zum ersten Mal die Erfahrung, dass Liebe etwas ist, das aufhören kann, worauf sie sich unweigerlich die Frage stellen: Wann hört die Liebe zu mir auf?
- Es kommt zu Loyalitätskonflikten, die Kinder erleben sich zwischen ihren Eltern stehend.
- Kinder spüren die Belastung oder Trauer der Elternteile und ziehen sich zurück. Anstatt Fragen zu stellen, verstummen sie.
- Ein Kind erlebt sich als Teil der Mutter und Teil des Vaters. Alles, was an einem der beiden kritisiert wird, wird indirekt am Kind kritisiert.
- Psychosomatische Symptome wie Kopf- und Bauchschmerzen können auftreten.

Ein Kind muss auf die Trennung reagieren, die Reaktionen sind gesund, normal und wichtig. Kein Kind nimmt die Veränderung des familiären Zusammenlebens so hin, als ob nichts wäre. Die Reaktionen der Kinder sind als Bewältigungsstrategien und nicht als Verhaltensauffälligkeiten oder psychische Auffälligkeiten zu sehen. Sie sind Aktionen, die der Wiedererlangung des psychischen Gleichgewichts dienen, und somit Teil eines natürlichen Anpassungsprozesses.

Eine Trennung oder Scheidung stellt für alle Familienmitglieder eine große Herausforderung dar. Gewohntes muss aufgegeben und das gesamte Familiensystem befindet sich in einem emotionalen Ausnahmezustand.

RAINBOWS

Was brauchen die Kinder? Unterstützung und Hilfe

- Kinder brauchen sofortige, ehrliche und altersgemäße Informationen darüber, was passiert ist und was sich für sie verändern wird. Sie brauchen Klarheit darüber, wie sich ihr Alltag nach der Trennung gestaltet: Wo werde ich wohnen? Wann und wo werde ich Mama oder Papa sehen, wenn sie oder er auszieht? Dies hilft neue Perspektiven zu schaffen und stärkt den Selbstwert des Kindes.
- Dem Kind muss die Angst genommen werden, an der Trennung schuld zu sein.
- Das Kind muss aktiv in seinem Loyalitätskonflikt entlastet werden! Es ist wichtig, immer wieder zu vermitteln, dass die Probleme, die zur Scheidung führten, aber auch die Auseinandersetzungen danach, Sache der Eltern sind und dass das Kind beide lieben darf und zu keinem von beiden halten muss.
- Dem Kind ist zu vermitteln, dass es in einer schwierigen Situation ist und das Recht hat, seine Gefühle auszudrücken und Fragen zu stellen. Dies ermöglicht auch ein schrittweises Verstehen und Einordnen der Situation.
- (Soweit wie möglich) Regression zulassen.
- Damit Kinder trauern können, brauchen sie als Vorbild Erwachsene, die dem Kind auch ihre Trauer zeigen.
- Dem Kind soll erklärt werden, dass es verschiedene Arten von Liebe gibt (die Liebe zum*zur Partner*in ist eine andere als die zu Eltern oder Geschwistern). Automatisch stellen Kinder sonst die Frage, wann die Liebe zu ihnen aufhört.
- Wichtig ist es, dem Kind zu vermitteln, dass es verschiedene Wahrheiten und Perspektiven gibt und jeder der Beteiligten die Trennungssituation anders sieht. Andernfalls muss das Kind annehmen, dass es von einem Elternteil belogen wird.
- Kinder brauchen Bezugspersonen inner- oder außerhalb der Familie, auf die sie sich verlassen können.
- Kinder haben ein Recht darauf, eine lebendige Beziehung zu beiden Elternteilen zu haben, und müssen sich der Zuneigung beider Elternteile sicher sein. Dazu gehört auch die Erlaubnis, beide Elternteile lieben zu dürfen. Die Sicherstellung einer lebensnahen Beziehung zu beiden Elternteilen ist einer der bedeutendsten Schutzfaktoren für die Bewältigung der Trennung und trägt maßgeblich zum kindlichen Wohlergehen bei.
- Wünsche der Kinder in Bezug auf Kontakt- und Betreuungsregelungen sind zu berücksichtigen, Entscheidungen müssen aber von den Erwachsenen getroffen werden.
- Wichtig ist auch, dass von Kindern keine Entscheidungen (für oder gegen einen Elternteil) eingefordert werden.

Stefan Janisch

RAINBOWS stärkt die Kinder!

Der präventive, (gruppen-)pädagogische Ansatz bietet einen sicheren und geschützten Rahmen, in dem die Kinder und Jugendlichen lernen, mit der veränderten Familiensituation umzugehen.

Die zwölf Treffen finden in altershomogenen Kleingruppen (mit etwa je vier Kindern) statt. Alle wichtigen Themen rund um die Trennung werden spielerisch, kreativ oder im Gespräch bearbeitet. Vertrauen und Vertraulichkeit spielen eine wesentliche Rolle. Alles, was sie erzählen, bleibt in der Gruppe. Das ist oft eine große Erleichterung für die Kinder, weil sie hier ihrer Enttäuschung und auch der Wut auf ihre Eltern Ausdruck verleihen können, ohne diese zu verletzen.

Bei RAINBOWS finden die betroffenen Kinder Gleichaltrige, die ähnlich fühlen wie sie. Sie finden Verständnis für ihre Wut und ihre Trauer und bekommen Zugang zu ihren Stärken und Ressourcen. Der Blick richtet sich in die Zukunft, denn Geschehenes kann nicht rückgängig gemacht werden. RAINBOWS stärkt die Kinder und hilft ihnen, ihre Ressourcen zu entdecken und positive Zukunftsperspektiven zu entwickeln, trotz der Belastungen, denen sie ausgesetzt sind.

In drei begleitenden Gesprächen erfahren die Eltern, was sie in dieser schwierigen Zeit für ihre Kinder tun können, und werden in ihrer Rolle als Eltern gestärkt.

Für Jugendliche zwischen 13 und 17 Jahren werden spezielle YOUTH-Gruppen angeboten.

Die Begleitung kann auch im Einzelsetting erfolgen.

RAINBOWS
FÜR KINDER IN STÜRMISCHEN ZEITEN

www.rainbows.at

© Marija Kanizaj

Dagmar Bojdunyk-Rack ist Geschäftsführerin von RAINBOWS-Österreich. RAINBOWS begleitet und unterstützt seit über 30 Jahren Kinder und Jugendliche nach der Trennung/Scheidung ihrer Eltern oder bei Tod eines nahestehenden Menschen in ganz Österreich.

Kontakt: office@rainbows.at

Die unsichtbaren Helfer

Pflegende Kinder und Jugendliche im Blick

Stephanie Witt-Loers

Ich erinnere mich gut an den Anruf von Marie im Jahr 2013. Sie war damals 15 Jahre alt und meldete sich, weil sie allein nicht mehr zurechtkam und keine passende Adresse für ihr Anliegen gefunden hatte. Maries Mutter war krebskrank und zunehmend pflegebedürftig. Zum Vater und anderen Angehörigen gab es keinen Kontakt. Mit dem Fortschreiten der Erkrankung übernahm Marie immer mehr Aufgaben im Haushalt, versorgte die jüngere Schwester, kümmerte sich um die Pflege der Mutter, reichte Essen an und tröstete sie. Da es durch die Erkrankung finanziell enger wurde, hatte Marie neben ihrer Schule noch einen Job angenommen. Sie war völlig überfordert.

Ähnlich wie Marie ergeht es in Deutschland rund 479.000 Kindern und Jugendlichen (Studie Universität Witten-Herdecke i. A. d. BMFSFJ 2018), die Pflegeverantwortung in ihrer Familie übernehmen. Weitere Studienergebnisse legen nahe, dass viele Familien nicht auf tragfähige Netzwerke zurückgreifen können und im Alltag auf sich allein gestellt sind. Je weniger Unterstützung von Erwachsenen verfügbar ist, desto stärker sind Kinder eingebunden (Metzing und Schnepp 2008). Auch wenn die »Young Carers« – laut Definition sind dies Minderjährige, die regelmäßig für ein oder mehrere chronisch körperlich oder psychisch erkrankte oder behinderte Angehörige sorgen, ihnen helfen oder sie pflegen (Metzing 2022; Becker 2000) – in unserer Gesellschaft noch kaum wahrgenommen werden, so hat sich zumindest in Fachkreisen in den letzten Jahren einiges getan. Aktuelle Bestandsaufnahmen, darunter zahlreiche Publikationen von Sabine Metzing, geben Aufschluss über den derzeitigen Forschungsstand, die vielschichtigen Aufgaben der Young Carers, die Auswirkungen ihrer Tätigkeiten auf ihr Leben sowie über wachsende Unterstützungsangebote auch in Deutschland.

Tätigkeiten und Verantwortung

Die Aufgaben, die Young Carers übernehmen, sind vielfältig. Sie richten sich nach den Erfordernissen der individuellen Pflegesituation in der Familie, die sich im Laufe des Pflegebedarfs häufig verändert. Neben Tätigkeiten im Haushalt wie Kochen, Wäschemachen, Putzen, Einkaufen, Betreuung und Versorgung von Geschwistern, pflegerischen Aufgaben wie Hilfe beim Waschen, Ankleiden, Toilettengang, der Mobilisierung, der Medikamentengabe oder beim Vermitteln von Trost und Zuversicht fallen auch Aufgaben in Verbindung mit Behörden, Apotheken, Banken oder Ärzten an. Ist die Familie in einer ökonomisch schwierigen Situation, unterstützen Young Carers, wie auch Marie, die Familie mit finanziellen Mitteln aus Erwerbstätigkeiten (Metzing 2022). In Familien mit Migrationshintergrund fungieren Young Carers zudem häufig als Dolmetscher (ZQP 2017).

Mögliche Auswirkungen

Multifaktorielle Aspekte entscheiden darüber, ob Tätigkeiten und Verantwortungen als belastend empfunden werden. Das zeitliche und körperliche Ausmaß der Aufgaben, organisatorische Herausforderungen, eine hohe existenzielle, psychische und pflegerische Verantwortung

Leidfaden, Heft 1 / 2024, S. 35–38, ISSN (Printausgabe): 2192-1202, ISSN (online): 2196-8217, © 2024 Vandenhoeck & Ruprecht

können bei gleichzeitig zu geringer Entlastung zu Überforderung und weiteren negativen Konsequenzen für die pflegenden Kinder/Jugendlichen führen. Die häufig im Verborgenen übernommenen Tätigkeiten wirken sich daher je nach Belastung, Familiensituation und vorhandenen Ressourcen unterschiedlich auf Young Carers aus. Mögliche Folgen können Symptome wie Konzentrations- und Schlafstörungen, Rücken- oder Kopfschmerzen, Erschöpfung, negative schulische Auswirkungen (zum Beispiel Schulabstinenz, Schulabbruch, Mobbing), fehlende soziale Kontakte und Hobbys sowie körperliche und psychische chronische Erkrankungen sein (zusammengefasst aus ZQP 2017; Metzing 2022). Zugleich zeigen Umfragen, dass pflegende Kinder ihre pflegerische Verantwortung auch positiv empfinden können. Es werden der Zusammenhalt in der Familie, Selbstständigkeit, psychische Stärke sowie Kompetenzen in vielen Lebensbereichen benannt (Metzing 2022).

Verbindung von Kindheit und Pflege

Ausdrücklich möchte ich darauf hinweisen, dass Kinder und Jugendliche entwicklungsentspre-

Bild einer Jugendlichen nach dem Tod ihrer Mutter, die sie gepflegt hatte.

Privat

Addictive Stock / photocase.de

chend in Prozesse, die in der Familie durch ein erkranktes Familienmitglied entstehen, aktiv eingebunden werden sollten. Werden Kinder nicht einbezogen oder dürfen nicht selbstwirksam aktiv werden, können Entwicklungsstörungen oder psychische Erkrankungen entstehen. Nicht alle Kinder und Jugendlichen mit einer Pflegesituation in der Familie werden zum Young Carer. Wenn sie mithelfen, nehmen sie nicht zwangsläufig Schaden (Metzing und Schnepp 2007). Daher gilt es, das Familiensystem und die Einzelnen zu unterstützen, Kinder einzubinden und darauf zu achten, dass sie Grenzen ihrer Belastbarkeit nicht überschreiten.

Wahrnehmung und Unterstützung von Bedarfen

Welche Unterstützung pflegende Kinder und Jugendliche und ihre Familien benötigen, ist von der Art und dem Umfang der geleisteten Tätigkeiten abhängig. Hier muss die individuelle Familiensituation erkundet werden (Metzing 2022). Young Carers sind jedoch schwer zu erreichen. Sie nehmen sich häufig nicht als solche wahr, das Thema wird in der Familie tabuisiert, sie sprechen aus Scham und Angst nicht über ihre Situation (Metzing 2022) oder sie wissen nicht, an wen sie sich wenden können (ZQP 2017). Noch schwieriger wird es, wenn zusätzlich eine Migrations- und Fluchtbiografie hinzukommt. Gerade darum ist es so wichtig, verständliche Informationen auf Ebenen zu verbreiten, die pflegenden Kindern und Jugendlichen leicht zugänglich sind.

Young Carers wünschen sich Kommunikationsmöglichkeiten zu ihrer Situation, Kontakt mit anderen Betroffenen, Auszeiten, flexible Alltagshilfen, Elternassistenz, administrative Hilfen, Hilfe mit Formularen, altersgerechte medizinisch-pflegerische Informationen zur Erkrankung, praktische Übungen, strukturell zentrale Anlaufstellen, finanzielle Hilfen und ein barrierefreies Umfeld (Metzing 2022).

Pausentaste – Information und Beratung

Das Netzwerk »Pausentaste«, ein Beratungsangebot des BMFSFJ (https://pausentaste.de), bietet auf der Website bundesweite Hinweise zu Beratungsangeboten für Young Carers, pflegende Studierende oder junge Erwachsene in der Ausbildung und deren Familien. Der Verein »Nummer gegen Kummer« (www.nummergegenkummer.de) berät per Telefon und E-Mail. Zudem finden Institutionen Fachinformationen sowie praktisches, kostenfreies Material zur themenbezogenen Arbeit in Schulen und Bildungseinrichtungen sowie Flyer in verschiedenen Sprachen.

Fazit

Bisher ist die Gruppe junger Menschen mit Pflegeverantwortung zu wenig im öffentlichen Blickfeld von Gesellschaft und Politik. Es braucht mehr wissenschaftlich geförderte Forschung, praktische und psychosoziale Unterstützung von Young Carers sowie themenbezogene Qualifizierungen von bestehenden Hilfesystemen und Institutionen. Zudem müssen Kooperationsstrukturen mit Hausärzt:innen, Psychotherapeut:innen, Sozialarbeiter:innen, Bezugspersonen, Kliniken, Pflegediensten, Schulen, Jugendämtern und Jugendorganisationen weiterentwickelt und verbessert werden. Für Young Carers (auch junge Studierende, Auszubildende) sollte es in ihrem Lebensumfeld erkennbare Ansprechpartner:innen für ihre Situation geben. Es muss darum gehen, Entwicklungsrisiken und chronischen Erkrankungen von pflegenden Kindern, Jugendlichen und jungen Erwachsenen präventiv entgegenzuwirken. Dazu muss es individuelle Unterstützungsangebote für das gesamte Familiensystem mit kombinierbaren Angeboten für die Einzelne/den Einzelnen geben. Schwere Erkrankungen, Pflege und den Tod können wir nicht verhindern, aber wir können Familien mit Young Carers bestmöglich unterstützen und das Thema öffentlicher machen.

Hinweise für pflegende Kinder, Jugendliche und deren Familien

www.youngcarers.de
www.pausentaste.de
www.nummergegenkummer.de
www.bke.de (Bundeskonferenz für Erziehungsberatung – viele Onlineberatungsmöglichkeiten)
www.echt-unersetzlich.de (auch Handbuch mit Hintergrundwissen, Praxistipps, Arbeitsmaterialien)
www.verbund-kinder-krebskranker-eltern.de
www.kinder-krebskranker-eltern.de
www.stiftung-familienbande.de (Geschwister kranker und behinderter Kinder)
www.behinderte-eltern.de
www.bag-kipe.de (Kinder psychisch kranker Eltern)
www.netz-und-boden.de (Kinder psychisch kranker Eltern)

Hinweise zu jungen Pflegenden mit Migrations- und Fluchtbiografie

https://pausentaste.de/artikel/pflegende-kinder-und-jugendliche-mit-fluchthintergrund/
https://pausentaste.de/artikel/ratgeber-fuer-schulen/

Literatur

Becker, S. (2000). Young Carers. In: Davis, M. (Hrsg.): The Blackwell encyclopedia of social work. Oxford.

Metzing, S. (2007). Kinder und Jugendliche als pflegende Angehörige. Erleben und Gestalten familialer Pflege. Bern.

Metzing, S. (2022). Kinder und Jugendliche mit Pflegeverantwortung in Deutschland. Ein Überblick. In: Jacobs, K.; Kuhlmey, A.; Greß, S.; Klauber, J.; Schwinger, A. (Hrsg.): Pflege-Report 2022 (S. 183–196). Berlin.

Metzing, S.; Schnepp, W. (2007). Kinder und Jugendliche als pflegende Angehörige: Wer sie sind und was sie leisten. Eine internationale Literaturstudie (1990–2006). In: Pflege, 20,6, S. 323–330.

Metzing, S.; Schnepp, W. (2008). Warum Kinder und Jugendliche zu pflegenden Angehörigen werden. Einflussfaktoren auf die Konstruktion familialer Pflegearrangements. In: Bauer, U.; Büscher, A. (Hrsg.): Soziale Ungleichheit und Pflege (S. 315–341). Wiesbaden.

Studie Universität Witten-Herdecke i.A. d. BMFSFJ (2018). Abschlussbericht zum Projekt »Die Situation von Kindern und Jugendlichen als pflegende Angehörige«. https://www.bmfsfj.de/resource/blob/140498/5a89859642a4090e414b68c36d36ae8c/abschlussbericht-pflegende-kinder-und-jugendliche-data.pdf

ZQP – Zentrum für Qualität in der Pflege (2017). ZQP-Report Junge Pflegende. Berlin.

Stephanie Witt-Loers, Autorin, Entwicklerin von Trauertools, Dozentin, Sterbebegleiterin, Trauerfachberaterin (BVT), Kinder-, Jugend- und Familientrauerbegleiterin, Heilpraktikerin (Psychotherapie), Leiterin des Instituts Dellanima, Leiterin des Kooperationsprojekts des Instituts Dellanima und des DRK »Leben mit dem Tod – Trauernde Familien begleiten«, Trauerbegleitung im Auftrag verschiedener Jugendämter und Kinderheime, Einzelberatungen sowie Gruppenbegleitung für Menschen jeden Alters. Sie ist Mitglied im Netzwerk »Pausentase« des Ministeriums für Familie, Senioren, Frauen und Jugend.

Kontakt: info@dellanima.de

Trauer, Pandemie und Adoleszenz: Eine neuralgische Triade?

Erfahrungshorizonte junger Erwachsener im Zuge der Covid-19-Pandemie

Davina Klevinghaus

Kontakte knüpfen – gemeinsames Erleben – die Welt und sich selbst neu entdecken. Die Adoleszenz ist häufig von Umbrüchen und vielschichtigen Entwicklungsprozessen geprägt.

Dabei nimmt die soziale Interaktion, gerade mit Gleichaltrigen, eine zentrale Rolle ein. Fallen diese sozialen Räume in Anbetracht von Distanzierungsmaßnahmen, Schulschließungen und Lockdowns weg, verändert sich das Alltagserleben drastisch. Kommt es überdies zum Verlust einer nahestehenden Person, können daraus tiefgreifende Sinnfragen und Identitätskrisen resultieren. Welche Faktoren prägten das Erleben trauernder Heranwachsender im Zuge der Covid-19-Pandemie? Wie nahmen sie sich und ihre Umwelt wahr? Diesen Fragen wird sich nachfolgend zugewandt, um jungen Menschen eine Stimme zu geben und auf ihre spezifischen Bedarfe aufmerksam zu machen. Anhand von Auszügen aus fünf mit trauernden Adoleszenten geführten Interviews wird ein Bogen von theoretischen Überlegungen und aktuellen Forschungsergebnissen zu praxisnahen Einblicken in die Lebenswelt der Befragten geschlagen.

Werden junge Menschen nach ihrem Pandemieerleben gefragt, wird deutlich, dass sowohl den Themen *Sterben, Tod und Trauer* als auch dem *Social Distancing* eine große Bedeutung beigemessen wurde (Andresen et al. 2021; Bray et al. 2021; Ravens-Sieberer et al. 2021). Sie rückten unweigerlich in den Fokus und wirkten im Fall eigener Verlusterfahrungen oftmals miteinander verwoben. Auch vor der Trauer machte das Virus nicht Halt. Beisetzungen erfolgten mitunter im kleinsten Kreis, gemeinsame Rituale und Trauerräume fielen weg. Soziale Distanzierung in einer Zeit, in der der Wunsch nach Nähe oft besonders stark ist, wurde häufig als substanzielle Belastung erlebt:

> *»Wenn man mit seiner Trauer sowieso schon beschäftigt ist und es einen so erdrückt, man dann aber eben noch nicht einmal die Möglichkeit hat, rauszugehen und sich abzulenken, Menschen zu sehen, sondern man zu Hause festhängt, dann macht es das natürlich einfach viel schlimmer. Da ist gerade die ganze Welt für einen zusammengebrochen und dann muss man sich auch noch an irgendwelche Coronabestimmungen halten und sich damit beschäftigen.«*

In diesen Worten schwingt die häufig benannte Ambivalenz zwischen der Absicht, Maßnahmen zur Eindämmung des Virus Folge zu leisten, sowie der Frage nach eigenen Bedürfnissen in der Trauer mit. Zwar kann soziale und emotionale Unterstützung auch digital erfahren werden, Unterschiede lassen sich jedoch, allein aufgrund der fehlenden physischen Nähe, kaum von der Hand weisen. Inwieweit soziale Medien im Einzelfall zu einer Abschwächung sozialer Verbundenheit führen oder zu einer Ressource im Trauerprozess werden, unterliegt mannigfachen Einflussfaktoren. Zumindest aber boten sie jungen Menschen die Chance, trotz Distan-

Leidfaden, Heft 1 / 2024, S. 39–43, ISSN (Printausgabe): 2192-1202, ISSN (online): 2196-8217, © 2024 Vandenhoeck & Ruprecht

»Meine Englischlehrerin hat mir eine Karte geschrieben, obwohl ich sie nicht so mochte, aber das gibt Sympathiepunkte«.

Luisa, 19 Jahre, ihr Bruder starb mit 13 Jahren, als sie 15 Jahre alt war

zierungsmaßnahmen in Kontakt zu bleiben und Unterstützung zu erfahren. Der Zugang zu spezifischen Trauerangeboten wurde mitunter sogar vereinfacht. Darüber hinaus entwickelten sich mit der Zeit neue Formen des Gedenkens und neue Trauerrituale. Es mehrten sich etwa digitale Erinnerungsorte und -andachten. Und zugleich scheint es, als befinden sich Heranwachsende außerhalb des digitalen Raumes in einem Spannungsfeld zwischen gesellschaftlichen Erwartungen und dem eigenen Wunsch nach Nähe.

Der Trauerforscher Kenneth Doka prägte schon weit vor der Pandemie den Begriff des *Disenfranchised Grief*, der etwa mit »sozial aberkannter Trauer« zu übersetzen ist und in Zeiten der Akkumulation von Todesfällen und strikter Kontaktbeschränkungen umso stärker in den Fokus rückt. Gemeinsames Trauern und körperliche Nähe wurden nicht selten kritisch beäugt, einzelne Verluste mitunter in Anbetracht der zahlreichen Coronatoten bagatellisiert. So wurde – nicht zuletzt aufgrund der überwiegend statistisch geprägten medialen Berichterstattung – bisweilen der Eindruck erweckt, als rücke die individuelle Trauer in den Hintergrund. Auf der anderen Seite lassen sich jedoch auch gegenteilige Effekte beobachten:

»Meine Freundin ist relativ am Anfang der Pandemie gestorben. Da hieß es nur, dass man sich weniger mit Leuten treffen soll. Und daran habe ich mich ehrlich gesagt nicht gehalten, weil es für mich und meine Freunde einfach sehr, sehr wichtig war, dass wir viel Zeit miteinander verbringen und ihrer gedenken. Beim Begräbnis sollten wir zum Beispiel auch Abstand halten, aber ich glaube, alle hatten in dem Moment wichtigere Dinge im Kopf. Der Tod war für mich einfach viel einschneidender, als die ganze Pandemie es jemals war.«

Es wird deutlich, wie gravierend das individuelle Verlusterleben wahrgenommen wurde. Ob und inwiefern die Pandemie oder die eigene Trauer das Alltagserleben dominierte, variiert interindividuell. Faktoren wie die Verbindung zur verstorbenen Person, die Todesumstände, aber auch

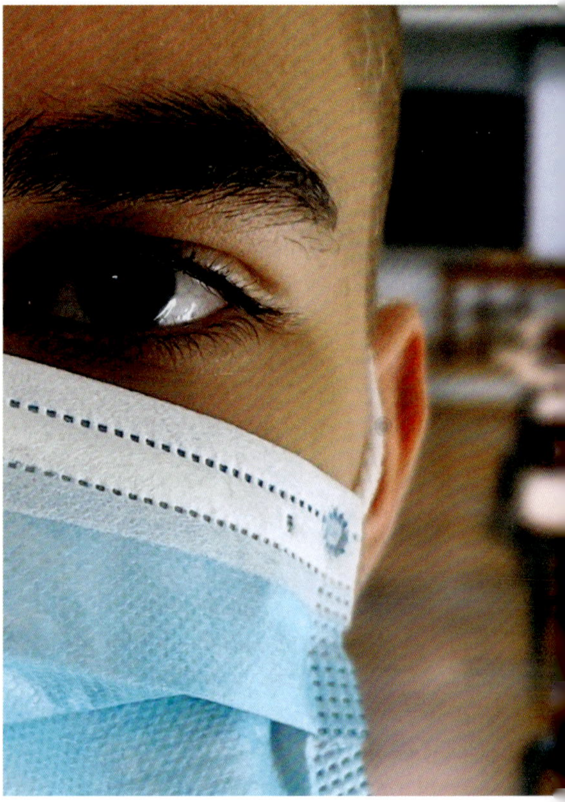

Quarantäneerfahrungen, eigene Covid-19-Infektionen oder eine erhöhte Krankheitsangst beeinflussten die individuelle Risikoeinschätzung und Prioritätensetzung. Grundlegend kann die Integration von Pandemie *und* Trauer ins eigene Leben indes als doppelte Herausforderung angesehen werden. Daher verwundert es kaum, dass eine zunehmende Zahl an prolongierten beziehungsweise erschwerten Trauerfällen prognostiziert wurde (Eisma et al. 2020; Izadi-Mazidi und Riahi 2021). Auf der anderen Seite mehrten sich jedoch Hinweise darauf, dass die vermehrt allein verbrachte Zeit auch das Potenzial birgt, Momente der Ruhe und der Introspektion zu schaffen, in denen den eigenen Gefühlen Raum gegeben werden kann. Darauf verwiesen auch drei der befragten Adoleszenten:

> *»Genau in der zweiten Quarantäne ist dann auch meine Oma verstorben und in der dritten war die Beerdigung. Da gab es aber zum Glück schon die Regelung, dass man sich nach fünf Tagen freitesten konnte, und deswegen konnte ich trotzdem hinfahren. Eigentlich war es gut, dass es während der Quarantäne war. Ich weiß nicht, ob ich die Kraft gehabt hätte, in die Schule zu gehen, und ich weiß auch nicht, ob ich die Kraft gehabt hätte, mich zu rechtfertigen, warum ich nicht in die Schule gehe. So konnte ich das Ganze erstmal sacken lassen.«*

Alexandra_Koch / Pixabay

Mehr Zeit für sich selbst und die eigenen Gefühle, vielleicht auch der – so bringt es eine andere Interviewpartnerin zum Ausdruck – *»Zwang, sich mit der Trauer auseinanderzusetzen«*: Die Pandemie schien nicht selten mit einer gesteigerten Selbstaufmerksamkeit einherzugehen, die von jungen Menschen auf unterschiedliche Weise aufgefasst wird. Wurde auf der einen Seite hervorgehoben, dass das viele Alleinsein eine positive Entwicklung hinsichtlich Selbstfürsorge und Selbstbezug ermöglicht habe, wurden auf der anderen Seite teils gravierende Auswirkungen der Restriktionen auf die eigene psychische Gesundheit akzentuiert. Die Aussagen, *»Ich habe gelernt, mit mir selbst allein sein zu können«* und *»Besonders belastend war das Nichtstun, es war wie in einem Teufelskreis, aus dem ich nicht herauskomme«*, verdeutlichen diese Diskrepanz. Es scheint, als konnte einerseits eine innere Distanz erlebt, andererseits jedoch auch eine neue Nähe zu sich selbst hergestellt werden. Die Frage nach Nähe und Distanz erwies sich sowohl auf sozialer als auch auf individueller Ebene als überdauerndes pandemisches Moment.

Abschließend soll der Blick auf die von allen Befragten thematisierte Zeit zwischen Tod und Beisetzung gerichtet werden. Die Trauerforscherin Ruthmarijke Smeding bezeichnet sie als *Schleusenzeit* und verweist mit der Metapher der Schleuse auf den Übergang von einem Lebensabschnitt in den nächsten, dem ein in die Zukunft gerichtetes Moment innewohnt. Wie verhielt es sich mit dieser im hiesigen kulturellen Raum normalerweise relativ kurzen Zeitspanne im Kontext der Coronapandemie? In den Interviews kristallisierte sich heraus, dass die oftmals verlängerte Schleusenzeit als Belastung wahrgenommen wurde. Wochen, oft sogar Monate des Wartens waren keine Seltenheit. Daher scheint es, als erfordere die Pandemie neue Bilder, um die nun ausgedehnte Zeitspanne adäquat zu beschreiben. Statt einer *Schwelle,* die – bildlich gesprochen – von einem Raum in den nächsten führt, schien sich in vielen Fällen ein dritter *Raum* aufzutun. So formuliert eine der Befragten:

> *»Mit der Beerdigung war es so, dass ich immer Angst hatte, nochmal in Quarantäne zu müssen. Und es war total komisch. Das Gefühl, ich habe damit abgeschlossen, war halt noch nicht da. Es war aber auch nicht so, dass ich wusste, demnächst werde ich damit abgeschlossen haben. Es war eine ganz komische Art Zwischenraum.«*

Ein Raum des Wartens. Ein Zwischenraum. Diese Bilder verdeutlichen die Veränderungen im Erleben von Abschied und Trauer. Der Wunsch, auf ritualisierte Weise einen neuen Zeitabschnitt einzuleiten, prägt diesen prolongierten Zeitraum. Hinzu kam die Sorge, aufgrund einer Virusinfektion oder Quarantäne nicht teilhaben zu können, wodurch das in der Adoleszenz und auch in der Pandemie ohnehin oft vordergründige Unsicherheitsgefühl verstärkt würde. Und dennoch soll auch an dieser Stelle der Blick auf mögliche Potenziale geweitet werden: Dort, wo neue Räume entstehen, entstehen auch neue Gestaltungsmöglichkeiten. So berichtete eine Befragte, sie habe die Zeit besonders intensiv genutzt, um die Beisetzung vorzubereiten: Für die Gäste wurden *»Sonnenblumen gebastelt und wir haben ihr dann Origami-Schmetterlinge auf den Sarg geworfen«.* Es wurden Reden geschrieben, Lieder herausgesucht und – im Rahmen des Möglichen – gemeinsam getrauert.

Vielleicht ist es genau das, was wir trotz der Schwere aller zusätzlichen Belastungen mitnehmen können: die Freiheit, ebendort, wo sich alte Türen verschließen, neue Türen zu öffnen, um nach neuen Möglichkeiten Ausschau zu halten und das, was trotz aller Einschränkungen möglich ist, aktiv zu gestalten. Die erheblichen Auswirkungen der Pandemie auf das Trauererleben können nicht oft genug betont werden. Und gleichwohl ist es wünschenswert, sowohl Belastungen als auch Potenzialen der veränderten Lebenssituation Beachtung zu schenken und jenen Menschen, die in einer per se herausfordernden Lebensphase mit gleich zwei einschneidenden Erfahrungen – dem Verlust einer nahestehenden Person und der Coronapandemie – konfrontiert werden, Gehör zu verschaffen. Das letzte Wort gilt daher einer der befragten Adoleszenten:

> *»Wir dürfen die nicht vergessen, die echt Probleme zu Hause haben, also nicht nur trauernde Menschen, aber eben auch die. Ich kann nur sagen: Bitte sucht euch wen, bei dem ihr das Gefühl habt, ihr seid nicht allein mit eurer Trauer, weil, gerade bei Corona ist man das nicht.«*

Die Freiheit, ebendort, wo sich alte Türen verschließen, neue Türen zu öffnen, um nach neuen Möglichkeiten Ausschau zu halten und das, was trotz aller Einschränkungen möglich ist, aktiv zu gestalten.

Davina Klevinghaus studierte Sonderpädagogik, Germanistik und Sport an der Universität Dortmund, an der sie derzeit als Wissenschaftliche Mitarbeiterin tätig ist und zu Trauer und Trauerbegleitung von Kindern und Jugendlichen forscht und lehrt. Im Anschluss an ihre ehrenamtliche Tätigkeit im Kinder- und Jugendhospizdienst sowie in der Trauerbegleitung bei den Malteser Hospizdiensten St. Christophorus Dortmund ist sie zudem als Koordinatorin für Kinder- und Jugendtrauerbegleitung sowie als freiberufliche Referentin tätig.

Kontakt: davina.klevinghaus@tu-dortmund.de
davina.klevinghaus@malteser.org

Literatur

Andresen, S.; Heyer, L.; Lips, A.; Rusack, T.; Schröer, W.; Thomas, S.; Wilmes, J. (2021). Das Leben von jungen Menschen in der Corona-Pandemie: Erfahrungen, Sorgen, Bedarfe. https://www.uni-hildesheim.de/media/fb1/sozialpaedagogik/Forschung/JuCo_und_KiCo/Das_Leben_von_jungen_Menschen_in_der_Corona-Pandemie_2021.pdf

Bray, L.; Carter, B.; Blake, L.; Saron, H.; Kirton, J. A.; Robichaud, F.; Avila, M.; Ford, K.; Nafria, B.; Forsner, M.; Nilsson, S.; Chelkowski, A.; Middleton, A.; Rullander, A.-C.; Mattsson, J.; Protheroe, J. (2021). »People play it down and tell me it can't kill people, but I know people are dying each day«. Children's health literacy relating to a global pandemic (COVID-19); an international cross sectional study. In: PloS one, 16, 2, e0246405. https://doi.org/10.1371/journal.pone.0246405

Doka, K. J. (Hrsg.) (1989). Disenfranchised grief: Recognizing hidden sorrow. Lexington.

Eisma, M. C.; Boelen, P. A.; Lenferink, L. I. M. (2020). Prolonged grief disorder following the Coronavirus (COVID-19) pandemic. In: Psychiatry Research, 288, 113031. https://doi.org/10.1016/j.psychres.2020.113031

Izadi-Mazidi, M. & Riahi, F. (2021). Pathologic grief and loss associated with COVID-19 in Iran. In: Journal of Loss and Trauma, 26, 2, S. 202–206. https://doi.org/10.1080/15325024.2020.1828695

Ravens-Sieberer, U.; Kaman, A.; Erhart, M.; Devine, J.; Schlack, R.; Otto, C. (2021). Impact of the COVID-19 pandemic on quality of life and mental health in children and adolescents in Germany. In: European Child & Adolescent Psychiatry, 31, S. 879–889. https://doi.org/10.1007/s00787-021-01726-5

Smeding, R. E. W. (Hrsg.) (2008). Trauer erschließen – eine Tafel der Gezeiten. 2. Auflage. Esslingen.

Gedanken über Kinderbesuche auf der Intensivstation

Maria Brauchle, Teresa Deffner und Peter Nydahl
im Interview mit Heiner Melching

Was auf Kinderintensivstationen seit den 1980er Jahren meist gut gelebte Praxis ist, ist Gegenstand anhaltender Diskussionen auf den Erwachsenenintensivstationen: der Besuch von Kindern. Kann das nicht zu viel für ein Kind sein? Die vielen Kabel und Schläuche können beängstigend sein, ebenso wie die Sorge um Leben und Tod. Wie sieht es mit der wechselseitigen Infektionsgefahr aus? Oder ist der Besuch doch vielleicht für alle Beteiligten ein Gewinn?

Im Dezember 2022 hat die Deutsche Interdisziplinäre Vereinigung für Intensiv- und Notfallmedizin (DIVI) Empfehlungen zu diesem Thema verabschiedet: 33 Expert:innen aus den unterschiedlichsten Fachbereichen und Professionen aus Österreich, Deutschland und der Schweiz haben die in 10 Punkte gegliederten konsentierten Empfehlungen »Kinder als Angehörige und Besuchende auf Intensivstationen, pädiatrischen Intensivstationen, IMC-Stationen und in Notaufnahmen« herausgegeben.

Neben der DIVI haben sich die Deutsche Gesellschaft für Palliativmedizin (DGP), die Deutsche Gesellschaft für interdisziplinäre Notfall-

andere andrea petrlik/Shutterstock

Leidfaden, Heft 1/2024, S. 44–50, ISSN (Printausgabe): 2192-1202, ISSN (online): 2196-8217, © 2024 Vandenhoeck & Ruprecht und Akutmedizin (DGiNA), die deutschsprachige Gesellschaft für Psychotraumatologie sowie die AETAS Kinderstiftung eingebracht.

Unter diesem Link finden sich die Kurz- und die Gesamtversion der Empfehlungen der DIVI:

https://www.divi.de/empfehlungen/publikationen/intensiv-und-notfallpflege

Leidfaden hat die drei federführenden Autor:innen der Empfehlungen, Maria Brauchle (Diplomierte Gesundheits- und Krankenpflegerin für Intensivpflege), Dr. Teresa Deffner (Psychologin) und PD Dr. Peter Nydahl (Pflegewissenschaftler), zum Interview gebeten.

Was war der Hintergrund für die Entwicklung der Empfehlungen?

Maria Brauchle: Kinder gehören zur Familie dazu. In meiner Arbeit in der Krisenintervention habe ich erlebt, dass Kinder, wenn sie gut begleitet werden, mit kritischen Ereignissen umgehen können. In unserem Umfeld wollten Intensivteams mehr Kinder integrieren. Doch die Sorge um zum Beispiel wechselseitige Infektionsgefahr, potenzielle Traumatisierung beim Anblick des Patienten oder der Patientin und so weiter war zu groß. Wir wollten Teams einen Leitfaden in die Hand geben und aber auch mit alten Mythen aufräumen.

Warum habt ihr euch auf den Weg gemacht und wer waren eure Unterstützer:innen – oder auch »Bremser«?

Maria Brauchle: Einer der Hauptgründe war, dass wir in der Pandemie gesehen haben, wie schädlich solche »Nicht-Besuche« generell sein können. Mich hat das an vielen Stellen sehr berührt und auch belastet. Mehr noch als die Arbeit in der Schutzkleidung. Gleichzeitig hat uns aber die Pandemie gebremst, wir waren uns dann auch nicht sicher, ob unsere Empfehlungen bei all den Besucherrestriktionen auf offene Ohren stoßen werden.

Wie sieht es aktuell mit Besuchsregelungen für Kinder und Jugendliche auf Intensivstationen und in Notaufnahmen aus?

Maria Brauchle: Leider sind die Besuchsregelungen immer noch sehr heterogen. Manche Stationen sind sehr offen, manche erlauben es immer noch nicht oder nur in Ausnahmen.

Was sind die Gründe für bisherige Besuchsverbote/Einschränkungen?

Peter Nydahl: Es lassen sich verschiedene Gründe benennen. In den 1980er und 1990er Jahren wurde davon ausgegangen, dass Patient:innen am besten genesen können, wenn sie durch Abschirmung und Ruhe geschützt werden. Deshalb wurden Besuchszeiten und Besuchende sehr restriktiv zugelassen. Weiter fürchteten viele eine Überlastung der Kinder oder auch eine wechselseitige Infektionsgefahr von minderjährigen Kindern auf Patient:innen oder auch umgekehrt.

Aber wie sieht es tatsächlich mit der wechselseitigen Infektionsgefahr aus?

Peter Nydahl: Der Besuch von minderjährigen Kindern auf Intensivstationen erhöht generell nicht das Risiko für Infektionen, solange die Grundregeln der Hygiene eingehalten werden. Dies gilt für erwachsene Besuchende genauso. In den meisten Fällen genügt vor dem Besuch eine altersentsprechende Schulung, vor allem in Händehygiene. In wenigen Ausnahmen, beispielsweise bei Immunsuppression von Patient:innen, sind weitere Schutzmaßnahmen nötig oder es können alternative Besuche wie Videotelefonie gewählt werden. Bei Symptomen von ansteckenden Erkrankungen wie Husten, Schnupfen, Heiserkeit und so weiter sollte ein Besuch verschoben werden. Dies gilt für erwachsene Besuchende und Mitarbeitende übrigens genauso.

Und die mögliche Traumatisierung beim Anblick des Patienten, der Patientin, von der immer gesprochen wird? Ist das Risiko wirklich so groß?

Teresa Deffner: Müssten wir uns nicht zuerst die Frage stellen, was es für das Kind bedeutet, wenn eine wichtige Bezugsperson von ihm auf einmal weg ist? Das Kind muss doch die Möglichkeit haben zu verstehen, was mit der Person passiert ist. Genauso wie es für Erwachsene wichtig ist zu wissen, was mit dem erkrankten Menschen passiert, wollen auch Kinder in der Regel erfahren, wo die geliebte Person ist und was mit ihr gemacht wird. Und unter diesem Aspekt betrachtet bedeutet der Besuch im Krankenhaus in erster Linie, mit der geliebten Person verbunden sein zu können. Wie es auf ein Kind wirkt, einen geliebten Menschen in einer hilflosen Lage auf der Intensivstation zu sehen, ist sehr unterschiedlich. Entscheidend ist, dass das Kind den Besuch wünscht und dabei insgesamt eine gute soziale Unterstützung für das Kind besteht. Es benötigt sicher verfügbare Bezugspersonen, da ja durch den erkrankten Menschen bereits eine Bezugsperson gewissermaßen wegfällt. Wenn ein Kind mit diesen Voraussetzungen auf die Intensivstation kommt und dort ein sicherer Rahmen für den Besuch geschaffen wurde, kann das Kind erleben: Hier wird gut für den kranken Menschen gesorgt und alles dafür getan, damit es ihm wieder besser gehen kann. Dabei dürfen natürlich auch Kinder Betroffenheit und Traurigkeit zeigen. Das darf aber nicht fälschlicherweise automatisch als Zeichen von Traumatisierung gedeutet werden. Schwerwiegende, quälende Erinnerungen, wie wir sie im Kontext von posttraumatischen Belastungsstörungen kennen, entstehen in Situationen absoluter Hilflosigkeit und Auslieferung meist im Kontext wahrgenommener Lebensbedrohung. Darauf, wie Kinder den Besuch erleben, können wir als Team gemeinsam mit den Eltern Einfluss nehmen und so dazu beitragen, dass das Risiko von Überforderungserleben und starker Angst minimiert wird.

Gab oder gibt es auch Bedenken oder Widerstände zu den Empfehlungen – und wenn ja, welche?

Peter Nydahl: Zu den Empfehlungen gab es unterschiedliche Reaktionen. Auf einer Konferenz wurden 92 Pflegefachpersonen und Mediziner:innen zu den Bedenken befragt, und diese waren vor allem emotionaler Natur: Es wurden »Angst«, »Unsicherheit« oder »Angst vor Eindrücken« genannt. Wir ziehen daraus den Schluss, dass wir noch mehr informieren und aufklären müssen. Gegenteilig erfahren wir aber eine große Anerkennung durch die Fachgesellschaften: Das Präsidium der DIVI wertschätzt ausdrücklich die Empfehlungen und wertet sie als wichtigen Schritt Richtung familienzentrierter Versorgung auf Intensivstationen. Auch internationale Verbände wie die European Society of Intensive Care Medicine oder die European Federation of Critical Care Nurses unterstützen uns.

Kennt ihr konkrete Fälle, in denen sich das Problem der bisherigen Einschränkungen gezeigt hat?

Teresa Deffner: Ja, sehr viele sogar. Wenn ich mit Angehörigen über ihre Erfahrungen mit schwerer Erkrankung und Sterben spreche, gibt es immer wieder – und das ist wirklich ein regelmäßiges Phänomen – Personen, die mir berichten, dass sie sich von wichtigen Bezugspersonen wie Oma oder Opa nicht verabschieden durften, als sie Kinder waren, weil es entweder ein offizielles Verbot gab oder Erwachsene für die Kinder entschieden hatten, ohne sie zu fragen. Weil die Erfahrung, sich nicht von einem geliebten Menschen verabschieden zu können, so schwer und vor allem lebenslang wiegt, ist es wichtig, Kinder in diesen Situationen immer mit zu bedenken. Die Leitfrage sollte dabei nicht sein: »Wie kann ich mein Kind bestmöglich vor der Realität des Verlustes oder der Erkrankung einer geliebten Person schützen?«, sondern: »Wie kann ich meinem Kind ermöglichen, seine Verbundenheit und Liebe zum Ausdruck zu bringen, und wie kann ein für mein Kind passender Abschied beziehungsweise ein Kontakthalten aussehen?«

Was wünschen sich die Kinder und die Eltern?
MARIA BRAUCHLE: Wenn ein Angehöriger oder eine Angehörige auf der Intensivstation liegt? Vor allem ehrliche und zeitnahe Informationen. Auf beiden Seiten. Und die Kinder haben auch ein Recht darauf, altersgerecht über das, was bei uns passiert, was mit ihrem Angehörigen passiert, informiert zu werden. Weiters möchten Angehörige in der Nähe des Patienten oder der Patientin sein. Das betrifft natürlich Kinder genauso. Wenn ein Elternteil auf der Intensivstation liegt, wünschen sich diese meist auch den Kontakt zu den Kindern, wenn sie sich äußern können.

Was für Fragen kennt ihr von Kindern oder Eltern?
TERESA DEFFNER: Eltern sind oft unsicher, wie sie ihrem Kind die Situation erklären sollen. Dabei haben sie meist gute Ideen und auch Formulierungen im Kopf, denn sie kennen ja ihre Kinder am besten. Sie trauen sich aber oft nicht, das gegenüber den Kindern auszusprechen, und benötigen Ermutigung, dabei den ersten Schritt zu gehen. Wir als Professionelle müssen auch verstehen, dass es für Eltern eine sehr große Belastung sein kann, das eigene Kind traurig zu sehen oder die Frage gestellt zu bekommen: »Stirbt Opa?« Hier benötigen Eltern meist unsere Zusicherung, dass es völlig in Ordnung ist, solche großen Fragen eher als Angebot für ein gemeinsames Gespräch zu sehen, und dass Kinder mit der Antwort »Ich weiß es nicht« auch umgehen können. Letztlich ist die ständig wiederkehrende Frage von Eltern: »Ist es richtig, das Kind einzubeziehen?«, und die können wir fachlich ganz klar mit »Ja« beantworten.

Wichtig in der weiteren Beratung ist dann der kontinuierliche Blick auf das gesamte Familiensystem. Ein Kind, das in einer belastenden Lebenssituation ist, benötigt unbedingt emotionale Sicherheit in der Beziehung zu anderen Bezugspersonen. Das bedeutet für diese Personen meist eine große Herausforderung: Sie sorgen sich einerseits um den Patienten und müssen andererseits, trotz der eigenen starken Belastung, stets einen Blick auf die Bedürfnisse des Kindes haben können und ganz praktisch für es da sein und dadurch Ablenkung, Spiel sowie Geborgenheit ermöglichen. Das ist wirklich anspruchsvoll und häufig muss man das ein wenig unter mehreren Personen aufteilen.
MARIA BRAUCHLE: Das kommt immer so ein bisschen aufs Alter an. Es kommen manchmal ganz andere Fragen als von den Erwachsenen, also: »Wie kann der Patient aufs Klo gehen?«, »Wie bekommt sie Luft?«, »Und wie sieht es mit dem Essen aus?«, »Muss die Mama auch Zähne putzen?« Aber es kommen manchmal auch sehr ernste Fragen: »Wird Mama oder Papa wieder gesund?«, oder: »Muss mein Opa sterben?«

»Ich kann schon sagen, dass ich jetzt glücklich bin nach dieser Zeit. Und dass ich eigentlich auch einen ziemlich geraden Weg habe, den ich gehen möchte, und wo ich auch fest davon überzeugt bin, dass ich den schaffe!«
Lena, 19 Jahre, ihr Vater starb vor zwei Jahren an Bauchspeicheldrüsenkrebs

Sollten mit Kindern auch offen oder proaktiv die Themen »Sterben, Tod und Trauer« angesprochen werden?

Teresa Deffner: Natürlich, denn diese Fragen ergeben sich doch sowieso im Laufe eines Kinderlebens. Dazu muss nicht erst eine geliebte Person erkrankt sein. Jeder Käfer auf dem Weg, letztlich auch jedes Blatt im Herbst oder das sterbende Haustier sind gute Gelegenheiten, mit dem Kind gemeinsam auf die Spur zu gehen, was Sterben und Vergänglichkeit bedeuten, und dafür hilfreiche Rituale zu finden. Dabei werden Erwachsene merken, dass sich Kinder dem Thema insgesamt meist gut nähern können und dass es, wenn dann wirklich geliebte Menschen erkranken, hilfreich ist, wenn das Thema in der Familie bereits einen Platz hat, zum Beispiel dadurch, dass man schon mal gemeinsam einen Vogel beerdigt hat oder der Tod in einem Kinderbuch vorkommt. Dann kann man gut an bereits Erlerntes und Erlebtes anknüpfen, was wiederum die Möglichkeiten, über die Situation überhaupt erst einmal zu sprechen, deutlich erleichtert.

Welche Unterstützung (und welche Informationen) werden benötigt, wenn der Besuch von Kindern geplant und durchgeführt wird, und was brauchen die Teams auf den Stationen, um das leisten zu können?

Peter Nydahl: Im Intensivbereich versorgen wir hochvulnerable Patient:innen und dies bringt eine besondere Verantwortung mit sich. Hierzu stellen wir evidenzbasiertes Wissen, Literaturlisten, Algorithmen mit Entscheidungskriterien, Schulungen und Schulungsmaterialien zur Verfügung. Wir sind fast fertig mit einem Gesamtpaket. Das Wichtigste zur konkreten Umsetzung sind aber ein Teamkonsens, die Unterstützung durch die medizinische und fachpflegerische Leitung und auch gesunder Menschenverstand.

Ist eine Begleitung/Unterstützung von Kindern auf Intensivstationen überhaupt leistbar – angesichts der knappen Personalressourcen und der hohen Arbeitsintensität auf den Stationen?

Maria Brauchle: Die Personalknappheit darf keine Ausrede sein. Klar, wir wissen, dass es vie-

siti / Adobe Stock

Jeder Käfer auf dem Weg, letztlich auch jedes Blatt im Herbst oder das sterbende Haustier sind gute Gelegenheiten, mit dem Kind gemeinsam auf die Spur zu gehen, was Sterben und Vergänglichkeit bedeuten, und dafür hilfreiche Rituale zu finden.

lerorts hakt, da kann es dann schon sein, dass dann ein Kinderbesuch mehr als eine Bürde gesehen wird. Aus Erfahrung wissen wir aber, dass der erste Besuch von Kindern meist zeitaufwendiger ist. Es muss alles erklärt werden und so weiter. In weiterer Folge reduziert sich aber dieser Aufwand, denn die Kinder kennen sich dann schon aus. Ich denke, wir müssen generell Angehörige, egal ob Kinder oder Erwachsene, endlich mehr als Ressource, nicht als Belastung sehen. Man kann sich aber auch externe Hilfe organisieren: Viele Kliniken verfügen über eine (Notfall-)Seelsorge, in einigen Häusern gibt es auch Psycholog:innen.

Warum glaubt ihr, dass Kinder (in der Regel) den Besuch auf einer Intensivstation/Notaufnahme gut verarbeiten können?
TERESA DEFFNER: Andersherum gefragt: Woher sind wir uns denn so sicher, dass es für die Kinder besser ist, nicht informiert zu sein? Und was bedeutet es für ihr weiteres Leben, wenn eine geliebte Person auf einmal weg ist, ohne dass sie wissen, wohin und warum? Letztlich führt doch kein Weg daran vorbei, auch Kinder zu beteiligen. Wenn wir möchten, dass Kinder uns Erwachsenen vertrauen und wir gute Beziehungen zu den Kindern pflegen wollen, gehören auch ehrliche Informationen zu schwierigen Lebenssituationen dazu. Die Kinder nicht zu informieren, aber selbst belastet zu sein, ist in jedem Fall eine Situation, auf die sich das Kind dann – mangels Möglichkeit, darüber zu sprechen – meist einen völlig falschen Reim macht. Ganz oft ist es doch so: Die Kinder merken, dass irgendetwas nicht stimmt, dass große Sorge bei den Erwachsenen herrscht, und fühlen sich selbst ausgeschlossen, wenn sie nicht informiert werden. Mit Kindern darüber zu sprechen, was mit der geliebten Person passiert, und auch das Angebot eines Besuchs zu unterbreiten, gibt dem Kind doch überhaupt erst die Möglichkeit, Verständnis zu erlangen. Und Verständnis wiederum ist eine wichtige Voraussetzung dafür, dass Erlebtes eingeordnet und sortiert werden kann. Dadurch wird es handhabbar.

Wann sollte von einem Besuch abgeraten werden? Gibt es auch Risiken (für die Patient:innen oder die Kinder beziehungsweise deren Familien)?
TERESA DEFFNER: Kinder, die in Familiensystemen leben, in denen sie selbst keine Sicherheit erfahren, keine emotionalen Bezugspersonen haben und die ohnehin schon unter einer großen Belastung leiden, haben ein erhöhtes Risiko, den Besuch selbst als starke Belastung zu empfinden. In diesen Situationen, in denen sozusagen alles um die Kinder herum und in ihnen selbst ins Wanken geraten ist, sollte ein Besuch sehr kritisch betrachtet werden.

Hingegen ist ein stark verändertes Aussehen oder Verhalten der Patientin nicht automatisch ein Grund, ein Kind nicht zum Besuch zuzulassen. Entscheidend dabei sind die Vorbereitung auf die Situation, sichere Bezugspersonen und natürlich der Wunsch des Kindes, den Patienten zu sehen.

Brauchen die Stationen besondere oder neue Qualifikationen? Und brauchen sie dafür mehr Zeit?
MARIA BRAUCHLE: Zeit wird man dabei investieren müssen, um die Teams zu schulen. Wir erreichen die meisten Intensivteams über die Teilnehmenden der Fachweiterbildung. Am Ende des Tages müssen aber auch die Führungskräfte sensibilisiert werden, denn das sind diejenigen, die ein Team motivieren können. Idealerweise wird ein Konzept von Kinderbesuchen von der gesamten Führungsetage eines Hauses mitgetragen.

Welche Entwicklung und welche Beachtung erhofft ihr euch von den Empfehlungen?
PETER NYDAHL: Familien gehören zu den Patient:innen dazu. Die Empfehlungen fördern eine Kultur der familien- und patientenzentrierten Versorgung.

Sind weitere Änderungen oder Entwicklungen nötig – und wenn ja, welche?
TERESA DEFFNER: Angehörige zu betreuen, egal ob Kinder oder Erwachsene, braucht Zeit. Die-

se Zeit muss in die Versorgung der Patientin oder des Patienten mit eingerechnet werden, was aktuell nur in sehr wenigen Bereichen wie zum Beispiel der Neonatologie mitgedacht ist. Für das Wohl des Patienten während seiner Zeit im Krankenhaus ist es sehr wichtig, dass minderjährige und erwachsene Angehörige auf allen Stationen des Krankenhauses als wichtiger und genesungsförderlicher Teil der Behandlung begriffen werden.

Gibt es schon Reaktionen aus Krankenhäusern oder Fachgesellschaften oder betroffenen Familien?

MARIA BRAUCHLE: Ja, absolut. Wir erleben positiven Zuspruch, viele sind froh, dass es nun endlich Empfehlungen gibt, auf die man sich berufen kann.

Was wird der Benefit für Kinder sein? Für die Familien, für die Mitarbeitenden auf der Station?

MARIA BRAUCHLE: Wir hoffen, dass es weitergehen wird in Richtung familienzentrierter Versorgung in der Intensivmedizin.

TERESA DEFFNER: Es wird selbstverständlich werden, dass nahe Angehörige unabhängig von ihrem Alter den Patienten besuchen und für ihn da sein können!

PETER NYDAHL: Es wird nicht leichter, aber besser werden.

Maria Brauchle ist Fachkrankenschwester für Intensivpflege am Landeskrankenhaus in Feldkirch und Leitung Forschungsprojekt »ICU-Kids«.

Kontakt: Brauchle.Maria@gmail.com

Dr. rer. nat. **Teresa Deffner,** Dipl.-Rehapsych., ist Psychologin auf den Operativen Intensivstationen des Universitätsklinikums Jena.

Kontakt: Teresa.Deffner@med.uni-jena.de

Priv.-Doz. Dr. rer. hum. biol. **Peter Nydahl** ist Pflegewissenschaftler am Universitätsklinikum Schleswig-Holstein, Campus Kiel mit dem Schwerpunkt Intensivpflege und arbeitet aktiv in verschiedenen nationalen und internationalen Forschungs-, Leitlinien- und Qualitätsprojekten mit.

Kontakt: Peter.Nydahl@uksh.de

Julia Brunner

Kostenloser Infoflyer für Eltern und Kinder

https://www.intensiv-station.jetzt/informations-material-fur-kinder-und-eltern/

Wahrheit, Klarheit und Struktur

Was Kinder über Tod wissen dürfen und was sie im Trauerfall brauchen

Christine Pernlochner-Kügler

»Mama sagte, dass es ihr schwerfällt, vom Friedhof wegzugehen; da dachte ich mir, sie will auf dem Friedhof übernachten.«

Jan, 12 Jahre, sein Bruder Leo starb mit 20 Jahren

Kinder stellen existenzielle Fragen … und brauchen echte Antworten

Woher kommen wir, wohin gehen wir? Fragen der Menschheit, Fragen auch von Kindern. Wie das Leben beginnt, wird Kindern heutzutage in der Regel ehrlich beantwortet und ist in den naturwissenschaftlichen Fächern im Schulunterricht verankert. Die Bienchen und die Blümchen als alleinige Erklärung haben längst ausgedient. Kindern das Ende des Lebens zu erklären fällt Erwachsenen immer noch schwer, da bleibt es meist bei metaphysischem Geplauder. Da landen wir gern als Engel im Himmel (mit Flügeln wie die Bienchen), obwohl es längst nicht alles ist, was man Kindern zu diesem Thema sagen kann. Kinder werden weit unterschätzt, sie brauchen auch nicht unbedingt Engel als tröstliche Vorstellung. Was sie brauchen ist: Wahrheit, Klarheit und Struktur – ganz besonders in Zeiten von Trauer und Trauma. Engelsgeschwader sollten wir Erwachsene übrigens wirklich nur dann aufziehen lassen, wenn wir ernsthaft selbst daran glauben.

Alles, was Kindern nicht sachlich und verständlich erklärt wird, alles, was wir verschleiern, verstecken oder tabuisieren, bildet eine Wissenslücke. Diese Lücke bleibt aber nicht leer, denn Kinder suchen nach Erklärungen und füllen all das, was offen bleibt, mit Fantasien, Gerüchten oder Inhalten, die sie irgendwo aufschnappen und gern in falsche Zusammenhänge bringen. In Zeiten von Tod und Trauer können diese Fantasien angstbesetzt sein:

Ein Bub, der nicht zur Beerdigung seines Großvaters mitgenommen wurde, wollte sich plötzlich nicht mehr waschen, weil er meinte, dass man Opas Leiche zu Seife verkocht hatte. Ein anderer konnte nachts nicht mehr schlafen, nachdem man ihm erklärt hatte, dass der Großvater jetzt im Himmel ist. Der Opa war ein schwerer Mann und der Junge hatte nun Angst, das Himmelszelt könnte reißen und der Opa samt allen Engeln herabstürzen und die Familie erschlagen.

Vor lauter angeblich hilfreicher himmlischer Tröstungen wird oft gänzlich vergessen, dass das auch nach hinten losgehen kann und dass es auch im Zusammenhang mit der Frage »Was kommt danach?« ganz klare und sachliche Antworten gibt. Kinder wie auch Erwachsene brauchen das Konkrete und Greifbare, um beim Philosophieren und beim Reden über Gott und die Welt nicht den Boden unter den Füßen zu verlieren. Wer nämlich den Boden unter den Füßen verliert, hat keinen Halt und fühlt sich ängstlich und unsicher. Die Folge ist: Man tut sich schwer mit dem Leben, aber eben auch mit dem Tod.

Deshalb ist es mir wichtig, Angehörige davon zu überzeugen, dass sie ihre Kinder – egal wie alt oder jung sie sind – in alle Trauerrituale der Familie integrieren und nicht aus einem falschen

Leidfaden, Heft 1 / 2024, S. 51–57, ISSN (Printausgabe): 2192-1202, ISSN (online): 2196-8217, © 2024 Vandenhoeck & Ruprecht

Jenny Sturm / Adobe Stock

Vor lauter angeblich hilfreicher himmlischer Tröstungen wird oft gänzlich vergessen, dass es im Zusammenhang mit der Frage »Was kommt danach?« ganz klare und sachliche Antworten gibt.

Schutzverständnis außen vor lassen. Denn genau dieses Fernhalten von Kindern führt zu Problemen. Für Kinder ist der Tod viel schwerer zu verstehen als für Erwachsene, daher ist es gerade für sie besonders wichtig, sich ein konkretes Bild vom verstorbenen Menschen zu machen und erklärt zu bekommen, was nun genau geschieht. Wenn Kinder gut vorbereitet und begleitet werden und sich sicher fühlen, gehen sie sehr natürlich mit dem Thema Tod um: Sie suchen den Kontakt zum Verstorbenen ohne große Scheu und können das Erlebte gut verarbeiten. Meist sind Kinder beim Abschied vom Verstorbenen weit ungezwungener als Erwachsene und stellen eine Bereicherung dar. Wichtig ist, dass wir sie dabei nicht ins Zwangskorsett unserer erwachsenen Vorstellungen darüber stecken, wie man sich anlässlich einer Trauerfeier oder beim Abschiednehmen verhält, wie man trauert und ihnen nicht unseren Rhythmus der Gefühle aufzwingt.

Kinder dürfen alle Fragen stellen, die sie haben, auch wenn sie uns unangemessen erscheinen, und wenn Kinder zwischendurch spielen, lachen und vergessen, was geschehen ist, während die tote Oma im Sarg liegt, dann ist das normal und gesund: Das sind Erholungsphasen, die das Kind dringend braucht. Im Unterschied zu uns Erwachsenen halten Kinder schmerzhafte Situationen viel weniger lange aus, sie schalten, wenn es ihnen zu viel wird, automatisch ab, beschäftigen sich mit etwas anderem und beginnen zu spielen. Fixieren Sie ein Kind niemals im Trauermodus, versuchen Sie aber auch niemals ein Kind von seiner Trauer abzulenken, wenn es gerade traurig ist. Trauer ist ein gesunder Prozess. Trauer muss raus, sie muss zum Ausdruck gebracht werden, dann finden Verarbeitung und Bewältigung statt. Im Kinderbuch »Leni und die Trauerpfützen« (Heine 2017) wird der Trauerrhythmus gut veranschaulicht: Wenn Leni die Trauer überkommt, dann ist es so, als würde sie in eine Trauerpfütze springen. Da drinnen sitzt sie dann ein Weilchen und wenn es genug ist, springt sie wieder raus. Das geschieht

Kinder wie auch Erwachsene brauchen das Konkrete und Greifbare, um beim Philosophieren und beim Reden über Gott und die Welt nicht den Boden unter den Füßen zu verlieren.

ganz von allein und ist übrigens auch bei uns Erwachsenen so, nur dass unsere Verweilzeit in der Trauerpfütze länger andauert, weil wir es auch länger darin aushalten. Aber auch wir Erwachsene springen zwischendurch wieder raus, um kurz Luft zu schnappen, bevor wir wieder reinspringen, um unseren Verlust weiter zu verarbeiten.

Wenn wir Kinder in unsere Trauerrituale nicht einbinden, wenn wir sie nicht mitnehmen, wenn sie nicht mitgestalten dürfen, dann schließen wir sie nicht nur aus Familienfeierlichkeiten aus, wir schaffen auch einen Nährboden für Ängste und Unwissenheit, wir blockieren ihre Trauer. Blockierte Trauer bei Kindern rächt sich besonders fies – sie kommt zeitverzögert und drückt sich nicht selten somatisch aus. Wenn ein Kind dann nach einem halben oder nach einem Jahr plötzlich Bauchschmerzen bekommt, die weder erklärbar noch behandelbar sind, wenn es wieder einzunässen beginnt, Schlafstörungen bekommt oder sonst wie verhaltensauffällig wird, dann stellt keiner mehr einen Bezug zur Oma her, die vor Monaten verstorben ist. Ich kenne Kinder, die Erwachsenen noch jahrelang zum Vorwurf machen, dass sie sich nicht von der Verstorbenen oder dem Verstorbenen verabschieden konnten, einfach weil man es ihnen nicht zugetraut hatte oder gerade keinen Nerv dafür hatte, sich neben der eigenen Trauer auch noch mit einem kleinen Kind zu beschäftigen.

Workshop »Was kommt danach? – Bestattung backstage«

Die Realität des Todes anzuerkennen macht den Tod nicht schlimmer. Es ist traurig und tröstlich zugleich und die Auseinandersetzung mit der Sterblichkeit macht Menschen stärker. Aus diesem Grund bieten wir den Workshop »Was kommt danach? – Bestattung backstage« für Schulklassen an und einmal im Jahr gestalten wir gemeinsam mit Schüler*innen der 3. oder 4. Klasse eine Trauerfeier.

Wir Bestatter*innen können sehr viele Fragen klar und eindeutig beantworten. Mehr sachliches Wissen bedeutet weniger angstbesetzte Fantasien. Das gilt für Erwachsene wie für Kinder und Jugendliche. Um das menschliche Bedürfnis nach Konfrontation mit dem eigenen Tod, um die sachliche Auseinandersetzung damit und um den Abbau von Angst geht es in unserem Workshop. In der Mitte des Sesselkreises steht die »Was-kommt-danach?-Box«. Was könnte in dieser Box sein? »Kerzen« ist eine typische Vermutung, »ein Kreuz« eine andere. »Nichts!«, sagen die, die ein bisschen philosophisch provozieren wollen. »Ein Skelett, Erde mit Würmern drinnen!«, kommt auch regelmäßig als Fantasie. »Iiiiigitt«, wird da gekichert. Die Kinder dürfen ihren Fantasien freien Lauf lassen, dann können wir auf diese eingehen, falsche Vorstellungen richtigstellen und Ängste aufarbeiten. Eine weitverbreitete Angst ist es, dass wir im Erdgrab von Würmern gefressen werden. Eine unnötige Angst, denn in zwei Metern Tiefe leben keine Aasfresser und der Regenwurm, der sich in diese Tiefe verirrt, der interessiert sich nicht für eine Leiche. Wer von Insekten und Tieren gefressen werden will, der legt sich als Toter am besten auf den Komposthaufen oder in den Wald, da wird man ratzfatz verzehrt.

Nach der ersten Rätselrunde wird die Kiste geöffnet, jedes Kind darf sich einen Gegenstand herausnehmen und dann schauen wir, ob die Kinder etwas damit anfangen können: die Show-und-Schüttel-Urne (eine Aschenkapsel gefüllt mit 3,5 Kilogramm grobkörnigem Sand), eine Phiole mit etwas Menschenasche, eine Totenmaske, ein Foto mit Blick in den Kremationsofen samt Skelett, ein Totenhemd männlich und eins weiblich, Schmuckstücke mit Fingerabdrücken, eine Hygienehülle, ein Laken, ein Kreuz, ein Rosenkranz, Watte, Eyecaps, Mundformer und anderes mehr werden ausgepackt und begutachtet.

So beginnt typischerweise der Workshop. 2004 habe ich die »Was-kommt-danach?-Box« gepackt, damals hatte ich nur eine ungefähre Vorstellung, wo sie überall zum Einsatz kommen würde. Seither sorgt sie bei Schüler*innen verschiedenster Altersstufen und Schultypen, bei Lehrer*innen, bei medizinischem und Gesundheitspersonal, aber durchaus auch bei Seniorengruppen für Spannung: Beim Auspacken entstehen ganz konkrete Fragen, die mit Hilfe der Inhalte altersgerecht oder berufsspezifisch beantwortet werden können. Dabei wird niemand überfordert, denn mit der Box holen wir Kinder und Erwachsene wirklich dort ab, wo sie gerade sind: Die Teilnehmenden selbst entscheiden, welche Fragen sie beantwortet haben wollen. Wenn Lehrer*innen beim Auspacken der Box mit ihren Schulkindern mit dabei sind, dann brauchen sie starke Nerven, denn ihre Schüler*innen sind wesentlich härter im Nehmen als sie selbst. Die Fragen der Kinder gehen immer ans Eingemachte, denn Kinder sind nicht nur neugierig, sie sind grundsätzlich tabuloser als Erwachsene.

Kinder haben einfache Sachfragen, die Erwachsene oft nicht beantworten können, weil sie es selbst nicht wissen: Was zieht man einer verstorbenen Person an und was darf man ihr mitgeben? Wie sieht ein Sarg von innen aus? Wie entsteht die Leichenstarre? Wie sieht ein toter Mensch aus? Wann ist man überhaupt wirklich tot? Wie sieht die Asche eines Verstorbenen aus? Wie viel bleibt nach der Einäscherung von einem Menschen übrig? Wie funktioniert der Verbrennungsofen? Wie heiß ist es da drinnen? Wie riechen Tote – stinken die?

Kinder haben auch Fragen, die zum Teil im Zusammenhang mit Mythen und Irrtümern stehen, die seit Jahrzehnten in unserer Gesellschaft verbreitet werden und völliger Unsinn sind, dazu gehört der Mythos vom Leichengift und die Angst vor dem Scheintod, den man heute wirklich ausschließen kann, da der Arzt bei der Totenbeschau an den sicheren Todeszeichen auch den sicheren Tod feststellen kann. Wenn man mit den Kids über die Entstehung der sicheren Todeszeichen – das sind Totenstarre und Totenflecken – spricht, dann sind das biologische Zusam-

alisseja / Adobe Stock

»Es ist eben nicht jeden Tag schlimm. Es gibt auch gute Tage.«

Luisa, 19 Jahre, ihr Bruder starb mit 13 Jahren, als sie 15 Jahre alt war

menhänge, welche die Erscheinungen des Todes sachlich erklären und dadurch weniger schaurig machen. Die Totenstarre verliert an Grusel, wenn Kinder verstehen, dass sich dabei einfach Muskelfasern miteinander verkleben und somit unbeweglich werden, weil sich ein Stoff namens Adenosintriphosphat im Körper abbaut, der beim lebenden Menschen für die Beweglichkeit der Muskeln sorgt.

Es gibt auch Fragen, die entstehen, weil Kinder bis weit ins Grundschulalter hinein den Tod nicht als etwas Endgültiges und auch nicht als den totalen Ausfall aller Vitalfunktionen verstehen können. Sie haben dann auch Fragen wie »Kann man im Sarg wieder aufwachen? Kann man auch mit offenen Augen tot sein? Wie gehen Tote im Sarg aufs Klo? Können sie noch pupsen? Ist ihnen nicht zu kalt? Ist den Toten langweilig? Sind sie einsam?«

Wenn alle Fragen beantwortet sind, gibt es eine Führung durchs Institut: Es wird die Kühlung mit den Särgen besichtigt, dort ist es so kalt wie zu Hause im Kühlschrank: »Jetzt weiß ich, wie sich das tote Hühnchen im Kühlschrank fühlt«, sagte ein Mädchen einmal. Gekicher, strenge Blicke der Lehrerin. Ist das nicht pietätlos, so etwas neben den Särgen, in denen Tote liegen, zu sagen? Nein, meine ich, und sage zu dem Mädchen: »Jetzt weißt *du*, wie *du* dich bei 4 Grad fühlst, das tote Huhn im Kühlschrank fühlt ja nichts mehr.« »Ach ja!«, sagte das Mädchen, »das hab ich ganz vergessen.« Wenn ich Kindern Asche von einem Menschen zeige, kommt häufig folgende Feststellung: »Das sieht ja aus wie Katzenstreu!« Alle müssen lachen. Irgendwann haben es auch die pietätvollsten Lehrpersonen kapiert: Respekt schließt Humor nicht aus und Lachen tut gut, gerade bei diesem Thema. Es bleibt nämlich am Ende keine Asche über, sondern ein grobkörniges Kalziumgranulat, und zwar so viel, wie ein Mensch in etwa wiegt, wenn er auf die Welt kommt – also 2,5 bis 4 Kilogramm.

Bleibt noch der Sarg, in den die Kinder hineinschauen können. Nein, da liegt kein Toter drinnen, aber die Kinder sollen sehen, wie so ein Sarg von innen ausgestattet ist. Vier Kinder machen sich an den Sargschrauben zu schaffen, die anderen warten gespannt. »Das ist ja wie in einem Bett!«, wird nüchtern festgestellt und es ist immer ein Kind dabei, das fragt, ob man da mal Probeliegen darf. »Ja, cool«, jubeln die anderen und die Lehrer*innen verlieren wieder ein wenig die Nerven, denn geht das jetzt nicht wirklich zu weit? Natürlich nicht! Was ist so schlimm dran, wenn wir wissen wollen, wie man am Ende gebettet wird? Die Kinder jedenfalls finden das ganz normal und steigen eines nach dem anderen in den Sarg »wie in die Badewanne« hinein. Die Lehrpersonen wollen es dann auch probieren. »Aber nur, wenn wir den Deckel auch zumachen dürfen«, auch auf diese Idee kommen die Kids immer ganz von selbst. Diesen Wunsch kann man den Kindern schwer abschlagen und so geht's unter großem Gelächter mit den Lehrpersonen ab in die Kiste.

Ende gut, alles gut. Der Workshop ist vorbei. Aufgeregt sind sie gekommen und haben sich auf ein Abenteuer eingelassen, bei dem vieles, was offen und unklar war, beantwortet und geklärt wurde. Alle merken, dass die sachliche und lockere Konfrontation mit der Frage »Was kommt denn wirklich danach?« Orientierung und Erleichterung bringt und dass die Angst weniger geworden ist. Und es hat sogar Spaß gemacht.

Geistertango auf dem Friedhof

Seit zehn Jahren gibt es jedes Jahr ein schönes Projekt: Die Sammelbeisetzung im Gemeinschaftsgrab. Hier werden Menschen beigesetzt, die sich kein eigenes Grab leisten können oder keines wollen. Dass eine Klasse der Praxisvolksschule Wilten in Österreich gemeinsam mit uns die Feier gestaltet, ist inzwischen eine schöne Tradition geworden. Dieses Jahr fanden die Urnen von zwölf Menschen in unserem Gemeinschaftsgrab ihre letzte Ruhestätte. Ich besuchte die 3B-Klasse schon im Februar im Rahmen des Ethikunterrichts: Mit einer Totenmaske, einer Urne und auch etwas menschlicher Asche in einem kleinen Glas mit dabei, lässt es sich mit den Kindern leicht über das Sterben, den Tod und verschiedene Bestattungsformen und Verabschiedungsmöglichkeiten philosophieren und die Feier vorbereiten. In den darauffolgenden Wochen machen sich die Schüler*innen dann mit Feuereifer an das Gestalten der Urnenkartons: Jede verstorbene Person bekommt natürlich ihren eigenen schön gestalteten Karton und da die Kinder auch die Namen und Daten bekommen, kann es sein, dass die Urne von einem Herrn Singer mit einem Mikrofon und Notenschlüsseln verziert wird. Ein verstorbener Fotograf bekam eine Kamera aufgemalt und die Frau Walder Tannenbäume. So individuell wie die Gestaltung der Urnen sind auch die Wünsche, welche die Kinder für ihre Verstorbenen formulieren und bei der Feier vorlesen, etwa: Mögen dort, wo du jetzt bist, viele schöne Fotomotive auf dich warten! Oder: Schokoeis, so viel du willst. Oder: Ein Himmel voller Katzen für dich! Es ist jedes Jahr aufs Neue eine Freude und die Angehörigen und Trauergäste sind zu Beginn positiv überrascht und anschließend begeistert.

Als ich in diesem Jahr die Urnen eine Woche vor dem Beisetzungstermin in der Schule abholte, meinte ein Mädchen spontan: »Da müssten wir eigentlich auch den Geistertango singen und tanzen.« Der erste Impuls vom Ethiklehrer und mir war, dass ein Geistertango wohl nicht passend wäre bei einer Trauerfeier. Aber die Idee des Mädchens ließ mich nicht los und noch am selben Abend entschied ich: Der Tango muss getanzt werden … und zwar einfach nach der offiziellen Trauerfeier in der Arkade des Friedhofs als »Bonus-Track« für alle Angehörigen und Trauergäste, deren Nerven stark genug dafür sind.

Hier der Geistertango: Es ist ein Kreistanz und in der Mitte steht das erste Kind, das ein weißes Bettlaken über dem Kopf hat und dann ausgewechselt wird:

Wir kleben heut um Mitternacht die Geister
mit Tapetenkleister an ihren Füßen an.
Wir fangen heut um Mitternacht die Geister
mit Tapetenkleister, dass keiner fliehen kann.
So schmieren wir den Boden ein und einen
hört man schrein: »Puh!«
Wir gehen im Tango-Schritt auf ihn zu und
nehmen in aller Ruh
sein Geistergewand vom Kopf: Und er sagt:
»Der nächste Geist bist du.«

Ein Schelm, der Böses dabei denkt und sich an den katholischen Beerdigungsritus erinnert, bei dem ein »Vater unser« für denjenigen/diejenige gebetet wird, der/die als Nächste/r aus der Runde versterben wird. Alle Trauergäste blieben bis ganz zum Schluss. Die Kinder ernteten Applaus und selbst die, die traurig gekommen waren, gingen mit einem Lächeln im Gesicht nach Hause. So könnte es bei Trauerfeiern immer sein, wenn wir Kinder auch als Angehörige einbinden und mitgestalten lassen.

© Gerhard Berger

Dr. **Christine Pernlochner-Kügler**, Psychologin, geprüfte Bestatterin, Thanatologin, leitet den operativen Bereich des Bestattungsinstituts »I. Neumair Bestattungundmehr«. Als langjährige Dozentin im Gesundheitsbereich hat sie viel Erfahrung im Umgang mit Krisensituationen. Ein besonderes Anliegen sind ihr die persönliche Begleitung beim Abschied von Verstorbenen am offenen Sarg und die individuelle Gestaltung von Trauerfeiern und Ritualen.

Kontakt: cp@neumair.rip
Website: www.neumair.rip

Literatur

Heine, H.-M. (2017). Leni und die Trauerpfützen. Mit Illustrationen von K. Vöhringer. Köln.

Pernlochner-Kügler, C. (2021). Du stirbst nur einmal, leben kannst du jeden Tag. Wien.

Kinder und Jugendliche wollen über Krankheit, Tod und Sterben sprechen

Erfahrungen mit Letzte-Hilfe-Kursen für Kids und Teens

Kirsti Gräf und Georg Bollig

Die Wahrscheinlichkeit, dass wir irgendwann in unserem Leben jemanden im Sterben begleiten müssen, liegt bei nahezu 100 Prozent. Das Wissen darum, wie wir Menschen in Krankheit, Sterben, Tod und Trauer beistehen können, ist ein altes Wissen, was jedoch über die Jahre verloren gegangen ist. Dieses Thema macht vielen in unserer Gesellschaft eher Angst. Eltern wollen ihre Kinder vor diesen Themen so lange wie möglich schützen. Aber soll und kann man seine Kinder überhaupt vor dem Kontakt damit schützen?

Als wir 2015 anfingen, Letzte-Hilfe-Kurse für Erwachsene anzubieten, wurde schnell klar, dass Kinder und Jugendliche ebenfalls Adressaten sind und natürlich zum Familiensystem dazugehören. Eine Arbeitsgruppe von Letzte Hilfe Deutschland gGmbH um Georg Bollig (Notfallmediziner und Palliativmediziner) sowie Kirsten Mainzer (Kinderkrankenschwester und Geschäftsführerin von KinderPaCT Hamburg) begann 2017 einen Letzte-Hilfe-Kurs für Kinder und Jugendliche zu entwickeln. Die Idee dahinter war, dass auch Kinder und Jugendliche Krankheit und Sterben im Alltag begegnen und darüber sprechen möchten, meist fehlt aber die Gelegenheit. Erwachsene weichen diesen Themen oft aus, da sie meinen, die Kinder davor beschützen zu müssen. Für viele Menschen ist der Tod ein Tabuthema.

Unsere Letzte-Hilfe-Kurse für Kids und Teens bieten altersgerechte Informationen und Austausch, um Ängste zu reduzieren, Sicherheit zu gewinnen und gesellschaftliches Engagement zu fördern. Die 2020 veröffentlichte Pilotstudie (Bollig et al. 2020) unterstrich den Gedanken. 82 Prozent der befragten Kinder und Jugendlichen hatten bereits Berührung mit diesem Thema. 94 Prozent der Teilnehmenden der Kids-und-Teens-Kurse sagen, dass alle Kinder und Jugendlichen einen Letzte-Hilfe-Kurs machen sollten, und 84 Prozent wünschen sich, dass ihre Eltern auch diesen Kurs machen, jedoch wollen die meisten nicht zusammen mit den Eltern den Kurs besuchen.

Mit Hilfe dieser Kurse werden Kinder und Jugendliche handlungskompetent und Familien sprachfähig zu diesen Themen. Die Kurse sind für Kinder und Jugendliche von 8 bis 16 Jahren geeignet und können sowohl in Schulklassen als

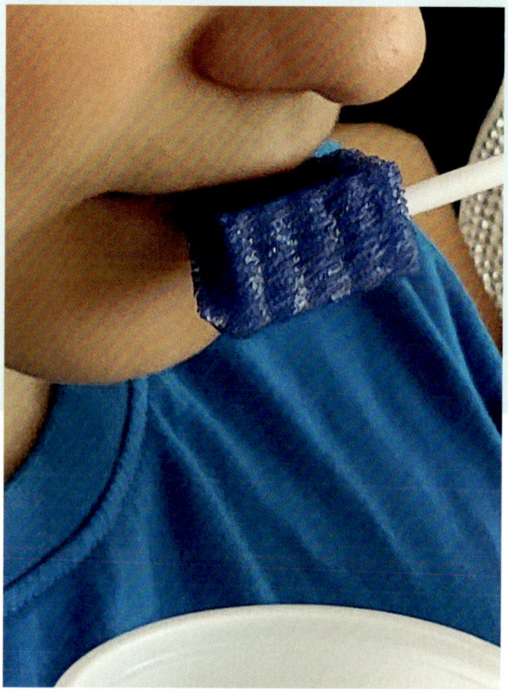

Kirsti Gräf

auch im Konfirmandenunterricht, bei der freiwilligen Feuerwehr oder beim Fußballverein durchgeführt werden. Letztendlich überall da, wo Kids und Teens zusammenkommen.

Ich selbst (Kirsti Gräf) bin viel in Grundschulklassen mit Letzte-Hilfe-Kids-und-Teens-Kursen. Die vier Stunden sind in vier Module eingeteilt. Modul 1 beschäftigt sich damit, dass Sterben ein Teil des Lebens ist. Im 2. Modul geht es um das Vorsorgen und Entscheiden, im 3. Modul um das Leidenlindern und im 4. Modul um das Abschiednehmen. Zwei ausgebildete Kursleiter führen durch diesen Kurs, der sowohl PowerPoint-Präsentationen als auch Kurzfilme, Bewegungseinheiten, praktische Hilfestellungen wie beispielsweise das Ausprobieren von Mundpflege und kreatives Gestalten in Form von Steine Bemalen zulässt und damit eine altersgerechte Vermittlung ermöglicht.

Hin und wieder werden wir in Klassen gerufen, wo gerade Angehörige von Kindern oder Jugendlichen gestorben sind, oder die Teilnehmenden in unserer Kinder-und-Jugendlichen-Trauergruppe der Pfeifferschen Stiftungen berichten darüber, wie Schulfreunde und Lehrer:innen mit dieser Thematik umgehen. Manchmal machen Kinder Mobbingerfahrungen: »Dann geh doch zu deiner toten Mama auf den Friedhof petzen.« Von ihnen kommt oftmals die Idee: »Könnt ihr nicht mal zu uns an die Schule kommen und mit den anderen reden?« Solche Kurse können zum einen den Selbstwert dieser gemobbten Kinder steigern, weil sie innerhalb dieser Kurse viel von ihrem Wissen teilen können und zum anderen allen die Bühnen bereitet wird, über ihre Erfahrungen und Eindrücke zu sprechen. Wir stellen immer wieder fest, dass die Kinder und Jugendlichen viele Berührungen mit diesem Thema haben, angefangen vom Haustier, das gestorben ist, bis hin zur Oma, die im Krankenhaus lag und nie wieder nach Hause kam. Sie sprechen von ihrer Enttäuschung, nicht gefragt worden zu sein, ob sie die kranke Mama im Krankenhaus sehen wollen oder sich vom verstorbenen Opa verabschieden möchten.

Gerade nach der Pandemie wurde sehr deutlich, welchen Erzählbedarf die Kinder und Jugendlichen haben, weil Abschiede fehlten, die Eltern selbst verunsichert waren, sie Bilder im Fernsehen sahen, die ihnen Angst machten und die nicht besprochen wurden. Schule als Möglichkeit der Begegnung entfiel und es kam nicht selten vor, dass Lehrer:innen und Schulsozialarbeiter:innen gar nicht wussten, dass es einen Krankheits- oder Sterbefall in der Familie gab.

Trauer ist keine Krankheit, sie kann jedoch krank machen, wenn sie keinen Ausdruck findet.

Kirsti Gräf

Nach einem Letzte-Hilfe-Kurs kam ein achtjähriges Mädchen zu mir und sagte: »Das wird mir nicht nochmal passieren wie mit der Mama. Wenn wieder jemand stirbt, geh ich mit zur Beerdigung. Da kann Papa sich auf den Kopf stellen.« Vor zwei Jahren war ihre Mama an Krebs gestorben. Ihr Papa dachte, es ist nicht gut, das Kind mit zur Beerdigung zu nehmen, weil sie noch so klein war.

»Ich bin gerade nicht sehr traurig, dass er gestorben ist, sondern froh, dass er da war.«

Luisa, 19 Jahre, ihr Bruder starb mit 13 Jahren, als sie 15 Jahre alt war

Einmal war ich (Kirsti Gräf) in einer 8. Klasse, die Jugendlichen diskutierten viel mit, auch über die Erfahrungen, die sie bereits gemacht hatten. In dieser Klasse kamen viele Themen der Trauer zum Vorschein. Ein Junge hatte seine Heimat verloren und durch seine Erzählungen begriffen die anderen die Vielfältigkeit von Trauer. Er erzählte das erste Mal davon, auch, was es für einen Unterschied macht, wenn Sterben sehr schnell geht, weil es keine Krankheit war, sondern ein Raketenangriff.

Der Religionslehrer war ebenfalls in diesem Kurs und erzählte vom Sterben einer seiner Großeltern und hatte dabei Tränen in den Augen. Einer der Schüler sagte: »Herr …, Sie weinen ja« und alle verstummten für einen Augenblick, der nichts von Peinlichkeit hatte. In der Auswertungsrunde sagte ein Mädchen: »Den Kurs hätten wir vor ein paar Wochen gebraucht, als von … der Papa im Sterben lag.«

Wenn wir nach ein paar Wochen nochmal nachfragen, berichten die Lehrer oft, wie sehr der Kurs die Klasse zusammengebracht hat, Verständnis gefördert hat und die meisten sich sicherer im Umgang mit diesem Thema fühlen. »Danke, dass ihr da wart«, das hören wir oft von Kindern und Jugendlichen nach diesem Kurs und hin und wieder gibt es eine Umarmung dafür.

Trotz allem ist es nach wie vor eine große Herausforderung, die Kurse an Schulen und in Vereinen zu etablieren. Die Kinder und Jugendlichen selbst haben meist keine Berührungsängste oder Befürchtungen bezüglich der Teilnahme an den Kursen. Obwohl manche nicht wissen, was sie im Kurs erwartet, sind sie an den Themen interessiert und nehmen gerne teil. Es sind eher die Eltern und die Pädagog:innen, die Bedenken und Ängste hinsichtlich der Themen »Tod und Sterben« haben und die wir von der Notwendigkeit dieser Kurse überzeugen müssen. Zu oft gibt es Zweifel, ab welchem Alter es gut ist, sich mit diesen Themen auseinanderzusetzen. Eltern haben oft die Sorge, mit den Fragen und Emotionen der Kids und Teens überfordert zu sein, und sehen sich im Eigenen berührt und hinterfragt.

Aus diesem Grund ist es sinnvoll, Letzte-Hilfe-Kids-und-Teens-Kurse parallel zu einem Erwachsenenkurs anzubieten. Somit haben Eltern und Kids in ihren jeweiligen Kursformaten die gleichen Inhalte, nur altersspezifisch angepasst, und wir bereiten damit die Bühne, dass sich Erwachsene und Kids hinterher zu diesem Thema austauschen und begegnen können. Nach der jeweiligen Kursteilnahme können sie dann zusammen über die wichtigen Themen sprechen, denn im Kurs lernen alle Teilnehmer:innen, dass über Tod und Sterben reden niemanden umbringt oder schadet. Es kann sogar Spaß machen und erleichternd wirken, darüber zu reden. Einige Kinder sagen, dass über Tod und Sterben zu reden ihnen geholfen habe, weniger Angst vor diesen Themen zu haben.

Kirsti Gräf, Diplom-Sozailpädagogin, Trauerbegleiterin (BVT), arbeitet für die Pfeiffersche Stiftungen Magdeburg.

Kontakt: trauerinstitut@pfeiffersche-stiftungen.de

Dr. **Georg Bollig**, Palliativmediziner und Notfallmediziner, ist Leitender Oberarzt der Palliativmedizin am Helios Klinikum Schleswig und Wissenschaftlicher Mitarbeiter am Zentrum für Palliativmedizin der Uniklinik Köln. Er ist Erfinder der Letzte-Hilfe-Kurse und Gründer der International Last Aid Working Group sowie der Last Aid Research Group International (LARGI).

Kontakt: georg.bollig@helios-gesundheit.de

Literatur

Bollig, G.; Pothmann, R.; Mainzer, K.; Fiedler, H. (2020). Kinder und Jugendliche möchten über Tod und Sterben reden: Erfahrungen aus Pilotkursen Letzte Hilfe Kids/Teens für 8- bis 16-Jährige. In: Zeitschrift für Palliativmedizin, 21, 5, S. 253–259. https://doi.org/10.1055/a-1222-8041

»Hört einfach nur zu!«

Wie Krafttiere gesunden Geschwisterkindern von palliativ erkrankten Kindern als Begleiter zur Seite stehen

M.-Christina Ehlert und Andrea Beissenhirtz

Ein kranker und ein gesunder Zwillingsbruder

Der 11-jährige Timo ist gesund und redet wie ein Wasserfall. Sein Zwillingsbruder Julian ist schwer krank. Den Eltern fällt es schwer, Timo zuzuhören, denn gerade ist vieles schwer auszuhalten. Vor einem Jahr bekam der Zwillingsbruder Julian plötzlich starke Kopfschmerzen mit häufigem Erbrechen. Damals hatte noch keiner geahnt, was auf sie zukommt. Das MRT vom Kopf zeigte ein eindeutiges Bild. Die Diagnose »diffuses hemisphärisches Gliom WHO Grad 4« bedeutet ein bösartiger Hirntumor mit sehr schlechter Prognose. Die Mutter erzählt mit Tränen in den Augen: »Nach der Diagnosestellung haben wir die ersten Monate alle gekämpft und noch Hoffnung gespürt. Doch jetzt wissen wir, dass Julian sterben wird.«

Viele Fähigkeiten hat Julian schon verloren. Er kann nicht mehr sprechen und möchte kaum mehr essen. Er sitzt wach in seinem Pflegebett im Wohnzimmer und lutscht an einem Eis. Das Team der Spezialisierten Ambulanten Palliativ-Versorgung (SAPV) des Kinderpalliativzentrums Datteln fährt zwei Mal wöchentlich zur Symptomkontrolle zu Julian und seiner Familie. Den Eltern ist es wichtig, dass Julian zu Hause sterben darf und so wenig Leid wie nur möglich aushalten muss. Das pädiatrische SAPV-Team arbeitet multiprofessionell und begleitet die Familie ganzheitlich.

Für den gesunden Bruder Timo kommt aus dem psychosozialen Team die Geschwisterfachkraft mit. Im Erstkontakt nur mit den Eltern wird gewöhnlich eine ausführliche Familienanamnese erhoben und die aktuelle Situation mit dem Fokus auf den gesunden Bruder besprochen. Den Eltern wird »die Übung mit dem Krafttier« vorgestellt, sodass sie wissen, was die Geschwisterfachkraft im Kontakt zum gesunden Bruder Timo anbieten möchte.

Timo steht schon erwartungsvoll in der Eingangstür. Die Geschwisterfachkraft stellt sich vor und erklärt Timo den Ablauf des Termins. Gern hilft Timo mit, die Bildkarten mit unterschiedlichen Tiermotiven auf den Fußboden auszulegen. Er ist sehr aufmerksam und greift schnell zur Karte, auf der ein Elefantenbaby zu sehen ist.

Timo erzählt, dass er ein lustiger Typ ist, der gern redet. Er spielt Fußball im Heimatverein, liebt sein Meerschweinchen und hat früher auch mal Trompetenunterricht genommen. Er redet schnell und kann offen über die Erkrankung seines Bruders Julian sprechen. Timo vermisst es, Julian zu ärgern. Er erzählt mit einem Lächeln: »Julian hat sich immer so schön aufgeregt.« Er wünscht sich, dass Julian wieder der Alte ist.

Ein Krafttier für Timo

Nach dem ersten Kennenlernen wird die Krafttierübung genauer vorgestellt. Einleitend hört Timo, was es mit den Krafttieren auf sich hat. »Krafttiere sind Wegbegleiter, die uns stets zur Seite stehen. Sie geben uns Lebensstärke und können jederzeit gerufen werden, wenn wir Hilfe brauchen«, erzählt die psychosoziale Mitarbeiterin des SAPV-Teams. Anschließend wird ge-

Leidfaden, Heft 1 / 2024, S. 61–64, ISSN (Printausgabe): 2192-1202, ISSN (online): 2196-8217, © 2024 Vandenhoeck & Ruprecht

meinsam überlegt, wo Tiere als Wegbegleiter oder Krafttiere vorkommen können.

Timo kennt sich schon gut aus. Die Indianer haben Tieren besondere Fähigkeiten zugesprochen. Auch kennt er den Kinofilm »Die Schule der magischen Tiere«, den er mit seinen Eltern und Julian gemeinsam gesehen hat. Timo fragt, wie er nun sein Krafttier finden kann. Die Bildkarten auf dem Fußboden werden eingesammelt und gegen die Krafttierkarten ausgetauscht. Timo schaut ganz gespannt zu und hat auch schon eine genaue Vorstellung davon, was sein Krafttier können muss. Es soll ein Tier sein, das nicht reden kann. Er möchte ausreden dürfen und nicht unterbrochen werden. Timo wählt die Muschel als sein Krafttier aus. Gemeinsam wird überlegt, wie ihm die Muschel als Begleiterin zur Seite stehen kann. Timo sagt mit fester Stimme: »Die Muschel hört einfach nur zu!« Er glaubt auch, dass seine vielen Worte die Perle der Muschel besonders stark funkeln lassen.

Beim Hausbesuch nach sechs Wochen hat Julian noch mehr Fähigkeiten verloren. Er liegt im Pflegebett und niemand kann genau sagen, was er noch wahrnehmen kann. Timo freut sich, dass er sein Krafttier aus Ton gestalten kann. Er möchte seine Muschel unbedingt geöffnet formen, da er es nicht mag, allein zu sein. Er erzählt, dass die Eltern ihn immer öfter aufs Zimmer schicken, wenn er zu viel redet. Timo fängt an zu weinen und sagt dann ganz leise, dass es ihm schwerfällt, Julian so krank zu sehen. Manchmal lege er sich zu seinem Bruder ins Bett, aber er sei sich nicht sicher, ob der das noch mitbekomme.

Während Timo wieder viel und schnell erzählt, gestaltet er die geöffnete Muschel mit der Perle in der Mitte. »Je mehr Wörter in der Muschel landen, desto schöner funkelt die Perle«, beschreibt Timo, während er die Perle formt. Timo möchte sein Krafttier, die Muschel, seiner Mutter zeigen. Stolz hält Timo seine Muschel in der Hand, dann verabschiedet er sich und bringt die Muschel in sein Zimmer.

Die Mutter steht am Bett von Julian und erzählt mit bedrückter Stimme, dass Timo seit ein paar Wochen regelmäßig zu einer Psychologin geht. Das tue ihm gut und entlaste die Eltern sehr. Sie haben keine Kraft mehr und spüren, dass Julian sich auf den Weg macht.

Vier Tage nach dem Hausbesuch ist Julian im Kreis seiner Familie zu Hause verstorben. Viele Menschen haben Anteil genommen und der Friedhof war gefüllt mit trauernden Gästen. Timo stand wortlos ganz dicht bei seinen Eltern. Am Grab von Julian lag Timos Krafttier, die Muschel, die einfach nur zuhört.

Wer kann da sein, wenn es richtig schwer ist?

Krafttiere begegnen uns häufig in Fabeln (zum Beispiel »Der Zaunkönig und der Bär« von den Brüdern Grimm), aber auch in Kinderserien und Kinderfilmen. Viele kleinere Kinder kennen den Sioux-Jungen Yakari aus der Kindersendung des

> »Klar sitze ich manchmal noch da und weine oder jetzt, wenn wir darüber reden, ist es wirklich schwierig (…) Aber sonst sagt man sich, okay, es ist jetzt so, wie es ist.«
>
> Lena, 19 Jahre, ihr Vater starb vor zwei Jahren an Bauchspeicheldrüsenkrebs

Kinderkanals KiKA. Das Leben und die Abenteuer von Yakari werden erzählt, der mit seinem Totem, einem Adler, die Welt erkundet.

Eine einheitliche Definition für Krafttiere gibt es in der Literatur nicht. Jedoch wird der Ursprung der Idee, dass Krafttiere spirituelle Wegbegleiter sind, die in Tiergestalt erscheinen, der schamanischen Tradition zugesprochen (Gala 2020). Auf Wikipedia findet man folgende Erklärung: »Krafttier (auch Geisttier oder Totemtier) ist ein Begriff für ein Geistwesen in Tiergestalt, das in der Esoterik und im Neoschamanismus verwendet wird. Es wird als spiritueller Wegbegleiter oder als Seelengefährte beschrieben« (https://de.wikipedia.org/wiki/Krafttier). In der psychologischen Begleitung von Kindern kommt das Krafttier in Form von imaginativen Entspannungsübungen zum Einsatz (Schneider und Margraf 2009).

Viele Studien lassen sich hierzu jedoch nicht finden. Was Krafttiere für einen positiven Einfluss auf Kinder in einer besonders schwierigen Lebenssituation haben können, zeigt eine Fallstudie von Schepper und Kollegen (2019). Sie untersuchten, wie die psychologische und psychosoziale Begleitung von Patient:innen mit Krebs verbessert werden kann. Im Vordergrund stehen die Reduktion der Angst und das Erleben von Selbstwirksamkeit im Kontext belastender medizinischer Maßnahmen. Im konkreten Fallbeispiel geht es um die Lumbalpunktion bei einem zehn Jahre alten onkologisch erkrankten Jungen. Es wird beschrieben, dass die Vorstellung an ein emotional positiv besetztes Tier dem kleinen Patienten dabei hilft, sich von unangenehmen Empfindungen zu distanzieren. Es handelt sich um eine kombinierte imaginative und kognitive Entspannungsmethode aus dem Lehrbuch der Verhaltenstherapie von Schneider und Margraf (2009). Das Krafttier ist ein Adler, der hoch über allen Häusern fliegt. Die erlebte Angst des Patienten hat sich im Verlauf mehrerer Trainingseinheiten signifikant verringert. Die Fallstudie zeigt, dass die kombinierte imaginative und kognitive Entspannungsmethode für die konkrete Bewältigung einer emotional sehr belastenden Lebenssituation bei Kindern hilfreich sein kann.

Für gesunde Geschwisterkinder von lebensbedrohlich erkrankten Kindern kann ein Krafttier in besonders belastenden Zeiten als Begleiter zur Seite stehen. Einige Gruppenangebote für gesunde Geschwister, bei denen Krafttiere zum Einsatz kamen, wurden bereits evaluiert (Engelhardt-Lohrke et al. 2020; von Drigalski und Wulftange 2016). Um die positive Auswirkung der Krafttierübung, wie sie zu Beginn im Fallbeispiel von Timo beschrieben wird, auf die gesunden Geschwister von schwer erkrankten Kindern zu bestätigen, bedarf es noch weiterer Erfahrungen und wissenschaftlicher Untersuchungen. Die Erfahrung aus der Arbeit mit den Krafttieren in der SAPV zeigt jedenfalls, dass die gesunden Geschwister sich im Allgemeinen gut auf ein Krafttier einlassen können.

Die gesunden Geschwister nicht aus dem Blick geraten lassen

In Deutschland leben mehr als zwei Millionen Geschwisterkinder in Familien, in denen ein Kind unter einer Erkrankung oder Behinderung leidet (Ärzteblatt 2011). Dies stellt für die Familie eine akute, nichtnormative Krisensituation dar. Da sich die elterliche Aufmerksamkeit besonders auf das erkrankte Kind richtet, sind die gesunden Geschwisterkinder mit der eigenen Verarbeitung der Situation meist auf sich allein gestellt. Psychosoziale Angebote sind für sie somit enorm wichtig. Gesunde Geschwisterkinder entwickeln zwar nur selten psychische Störungen (O'Shea 2012; Murray 1999), neigen jedoch häufig dazu, ihre eigenen Gefühle zu unterdrücken, um ihre Eltern und die Familie nicht noch zusätzlich zu belasten. Eine Studie von Christa Engelhardt-Lohrke und Kollegen (2020) konnte zeigen, dass, verglichen mit der Kontrollgruppe von Geschwistern gesunder Kinder, ein mehr als zweifach erhöhtes relatives Risiko für die Entwicklung von emotionalen Problemen beziehungsweise Verhaltensauffälligkeiten besteht. Die negativen Auswirkungen für die Geschwisterkinder sind umso stärker ausgeprägt, je größer das Ausmaß der Störung des Familienlebens ist (Sharpe und Rossiter 2002).

Eine überaus positive Entwicklung in der psychosozialen Begleitung der gesamten Familie in der SAPV ist, dass der neu auferlegte Bundesrahmenvertrag für die SAPV (Gemeinsamer Bundesausschusses 2022) nun auch die Finanzierung für eine psychosoziale Versorgung vorsieht. Bisher wird die Unterstützung der Familie und somit auch der Geschwister durch eine psychosoziale Fachkraft der SAPV größtenteils durch Spendengelder finanziert. Denn die Begleitung der Geschwisterkinder am Lebensende des schwer erkrankten Kindes kann häufig nur individuell im häuslichen Kontext erfolgen.

Zur bedarfsgerechten, kontinuierlichen und qualifizierten Begleitung der Familien über den Tod ihres Kindes hinaus gehört die telefonische Kontaktaufnahme durch eine psychosoziale Fachkraft innerhalb der ersten Woche nach Versterben des Kindes, wenn die Familie das möchte. Erfragt wird, wie es der Familie geht, ob bei Vermittlung von Trauergruppen und therapeutischer Begleitung durch die Psychologin beziehungsweise Familientherapeutin unterstützt werden kann.

Die Familie von Julian wollte erst nach sechs Monaten telefonisch kontaktiert werden. Die Mutter erzählt, dass vieles noch schwer aushaltbar ist. Julian ist in jeder Sekunde bei ihr und das macht es fast unmöglich, einen Alltag zu schaffen. »Die Psychologin sagt, dass es wichtig ist, aus dem Haus zu kommen, und irgendwie muss ich es schaffen. Für Timo und meinen Mann! Wir waren drei Tage im Urlaub, doch so viele Erinnerungen, die mir das Herz so schwermachen, begleiten mich.« Timo schafft es gut, auch mal nicht an Julian zu denken. Er ist viel mit Freunden unterwegs und erzählt den Eltern alles, was er so erlebt. Die Mutter wünscht sich manchmal etwas mehr Platz für Julian in Timos Welt. Sie weiß aber auch, dass jeder auf seine Weise trauern darf. Sein Krafttier, die Muschel, steht im Kinderzimmer im Regal, jedoch wurde die Perle ausgetauscht. Ein kleiner Holzstern, der auf der Trauerfeier zur Erinnerung an Julian verteilt wurde, nimmt jetzt ihren Platz ein.

M.-Christina Ehlert, Psychologin (BA) und Fachkraft für gesunde Geschwisterkinder, ist Projektleitung für das SisBroJekt (Projekt für gesunde Geschwisterkinder) im Kinderpalliativzentrum an der Vestischen Kinder- und Jungendklinik Datteln, Universität Witten/Herdecke.

Kontakt: c.ehlert@kinderklinik-datteln.de

Andrea Beissenhirtz, Fachpsychologin Palliative Care, hat die psychosoziale Leitung des Kinderpalliativzentrums an der Vestischen Kinder- und Jugendklinik Datteln, Universität Witten/Herdecke.

Kontakt: a.beissenhirtz@kinderpalliativzentrum.de

Die Literaturliste ist bei den Autorinnen erhältlich.

Die Intuition der Kinder oder die verlorene Weisheit der Erwachsenen

Johanna Klug

Meine Beziehung zu Sarah

Sarah liebt gekochte Kartoffeln mit Erbsen. Sarah liebt es, Geschenke zu bekommen, und außerdem liebt sie es, laut zu lachen. Da ist aber auch die andere Seite, wenn Sarah Angst vor der Dunkelheit hat und halluziniert. Wenn sie ihrer Mama sagt, dass sie Angst vor dem Sterben hat. Was antwortet man auf eine Frage, die das eigene, tödlich erkrankte Kind stellt?

Sarah hat Kinderdemenz. Mit dem ersten Symptom, dem Verlust ihres Augenlichts, fing der Ärztemarathon an, bis knapp zwei Jahre später die Diagnose gestellt wurde. Was bedeutet diese Erkrankung für das Kind, aber auch für die gesamte Familie?

Kinderdemenz oder im medizinischen Fachjargon ausgedrückt »neuronale Ceroid Lipofuszinose«, kurz NCL, ist eine genetisch bedingte Stoffwechselerkrankung. In manchen Symptomen ähnelt diese der Demenz, aber NCL geht noch weiter. Es ist eine seltene Erkrankung, von der circa 700 Kinder in Deutschland betroffen sind. Je nach Form erblinden die Kinder innerhalb von ein bis drei Jahren vollständig, dazu kommen epileptische Anfälle und motorische wie geistige Degenerationsprozesse. Sarahs Form der NCL ist unheilbar, die Behandlung palliativ.

Mitten in meinem Studium lernte ich Sarah und ihre Familie kennen. Sarah war damals noch ein kleines Mädchen, ich selbst erst Anfang zwanzig. Sie gab mir den Spitznamen »Radieschenkopf« wegen meiner kurz rasierten Haare. Wir spielten mit ihren Barbiepuppen, gaben ihnen ebenfalls lustige Namen, schaukelten um die Wette oder fuhren mit der U-Bahn zu den Landungsbrücken. Vieles von dem, was wir vor ein paar Jahren unternommen haben, würde heute nicht mehr gehen. Sarah hat Angst vor den Menschenmassen und der Lautstärke, vor Treppen und unvorhergesehenen Ereignissen. Doch selbst im Kleinen sind Sarahs Lebendigkeit und Abenteuerlust ansteckend. Noch nie habe ich einen Menschen getroffen, der sich so präsent und aufmerksam einer Sache widmet wie Sarah. Ich habe sie von Herzen lieb. Dabei heißt es in der Hospizbewegung: nicht zu viel Nähe zulassen. Aber wenn ich keine Nähe zulassen darf, wie soll ich dann den Menschen begegnen? Kinder spüren diese erzwungene Distanz und gehen gleich von Beginn an auf Rückzug. Es geht um professionelle Nähe: pur und unverfälscht, ohne auferlegte Fassaden. Das ist zumindest meine Haltung.

Als Autorin bin ich viel mit Lesungen oder Workshops im gesamten deutschsprachigen Raum unterwegs. Und immer erzähle ich von Sarah. Dann wird es ganz still, fast schon andächtig. Und gleichzeitig spüre ich die Spannung, wenn ich ansetze und die ersten Zeilen laut vorlese.

Um die Weisheit und Größe der Kinder sehen zu können, bedarf es Augenhöhe. Kein Machtgefälle darf dazwischenstehen, auch kein Misstrauen. Erst als ich aus Hamburg wegzog, wurde mir bewusst, wie tiefgreifend mich die Beziehung zu Sarah verändert hat. André Stern, der sich selbst als »Botschafter der Kinder« betitelt, sagt: »Kinder sind geniale Nachahmer. Sie spiegeln uns. Sie beobachten uns die ganze Zeit.«[1] Kann es sein, dass wir uns selbst in Kindern wiedererkennen als Teil unseres Selbst? Macht es Angst zu bemerken, wie viel wir davon zur Seite geschoben haben, um zu funktionieren?

Leidfaden, Heft 1 / 2024, S. 65–69, ISSN (Printausgabe): 2192-1202, ISSN (online): 2196-8217,

Privat

Was mir aus den vielen Jahren meiner Arbeit als Sterbe- und Trauerbegleiterin immer wieder begegnet, ist: Kinder und sterbende Menschen haben diese feine Verbindung zu dem großen Ganzen, aus dem wir gekommen sind. Mag es etwas Göttliches, Übernatürliches, der Ursprung des Universums oder was auch immer sein. Es ist eine spezielle Form der Verbundenheit, die nicht zu benennen und nicht greifbar ist. Hier löst sich unser Bedürfnis nach Kontrolle auf, denn in diesen Prozessen geht es um das Spüren an sich.

Kinder nehmen uns dabei an die Hand. Kinder zeigen uns unsere inneren Schätze und gehen auf Konfrontationskurs, wenn sie unsere verdrängten Emotionen oder Traumata triggern und uns dabei spiegeln. Es geht darum, die Fragen von Kindern ernst zu nehmen und zu hinterfragen, nicht bloß auf die Seite zu schieben. Es geht darum, auch Kindern »schwere« Situationen zuzutrauen, denn meistens sind sie es, die uns dabei stützen. Unsere Kinder sind unsere Zukunft. Doch keiner Randgruppe werden so wenig Beachtung und Rechte geschenkt. Wie bleibt uns also die intuitive Gabe der Kinder in unserer Gesellschaft erhalten? Denn je mehr wir unsere Außenwelt verstehen und uns gleichzeitig anpassen, umso mehr geht dieser innere Reichtum zugrunde.

Nicht so bei Sarah. Sarah wird geistig immer sechs Jahre alt bleiben. Egal ob sie 15 oder 30 Jahre alt sein wird. Vorausgesetzt, sie wird so alt. Im September hat sie ihren 16. Geburtstag gefeiert. Sarah ist jetzt ein Teenager, die mit Barbiepuppen spielt und Vampire liebt.

Ich kenne Sarah jetzt schon seit vielen Jahren. In dieser Zeit hat sich viel verändert. Ich wohne nicht mehr in Hamburg, sehe Sarah und ihre Familie selten. Aber jedes Mal, wenn ich nach Monaten über die Hausschwelle trete, flüstert es aus Sarahs Zimmer: »Radieschenkopf?«

Buchauszug

»Erkennen Sie mich? Ich bin eine Stimmungskanone. Und wer sind Sie?«, rief Sarah bei einem der nächsten Besuche verzückt.

»Ich bin Dorie.« Das war das Einzige, was mir in dem Moment einfiel. »Dorie, der Fisch«, jauchzte Sarah, und ihre Stimme überschlug sich beinahe vor Freude. »Und ich …«, sie machte eine lange Pause, »… bin die Gräfin Madoria.« Sarah schritt mit erhobenem Kopf umher. »Können Sie jetzt kommen?«

Und so folgte Dorie, der Fisch, der Gräfin Madoria in ihr Spielzimmer.

Solche Rollenspiele sind selbstverständlich für Kinder, aber als Erwachsene fiel es mir manchmal schwer, mich auf diese Fantasiewelt einzulassen. Anfangs war das nicht nur Überforderung, sondern auch ein innerer Konflikt für mich. Konnte ich mich von der Erwartungshaltung freimachen, die ich selbst an mich hatte? Konnte ich für einen Moment loslassen? Mit Sarah zu spielen bedeutete, dass man ganz in der Fantasie aufgehen konnte. Es gab kein Richtig oder Falsch. Fehler konnte ich gar nicht machen. Sarah ließ mir den Raum, den ich brauchte, und führte mich tiefer in ihre Welt voller Elfen, Hexen und Vampire hinein.

Aber Sarah zeichnete noch viel mehr aus als ihre Rollenspiele und ihr Verlangen nach Liebe, Nähe und Zuwendung wie jedes Kind. Da sind auch die tiefen Momente, mit denen niemand gerechnet hätte. »Wir reden bewusst nicht darüber, dass Sarah früher sterben wird«, sagte Yvonne im Vertrauen zu mir, als ihre Tochter schon schlief. Denn Sarah habe trotz allem große Pläne für die Zukunft, die ihre Eltern ihr nicht nehmen wollen. »Aber dann sagt sie so was wie: ich will noch nicht sterben, Mama«, erzählte Yvonne weiter und schluckte. »Wie kommt sie darauf? Irgendwas geistert schon in ihrem Kopf herum. Sie ahnt, dass sie früher sterben wird. Woher soll es sonst kommen?«

Für einen Moment zog sich alles in mir zusammen, ich hielt die Luft an und spürte ein leichtes Kribbeln in meinen Fingerspitzen. Wir trauen Kindern nicht zu, sich mit den existenziellen Fragen zu beschäftigen, und werden von ihnen doch immer wieder eines Besseren belehrt. Ist es vielleicht unsere eigene Angst, die uns hindert, in einen Austausch über dieses Thema zu kommen?

»Kinder haben noch so viel vor, im besten Fall ihr ganzes Leben.« Während Yvonne über ihre erkrankte Tochter redete, kullerten Tränen über ihr Gesicht. »Eltern sollten ihr Kind nicht zu Grabe tragen müssen. Das ist die falsche Reihenfolge.« Ich schluckte und nickte. Und dann kam die bekannte Stille, die sich langsam in jede Ecke setzte, den Raum ausfüllte, sich verdichtete wie eine Nebelwand und alles verschluckte, was noch hätte gesagt werden können.

»Gibt es Dinge, die du von Sarah gelernt hast?«, fragte ich Yvonne und unterbrach die Stille. So offen hatten wir noch nie gesprochen, einfach weil das Haus sonst immer zu voll und lebendig war. Yvonne nahm einen Schluck Limonade und putzte ihre Nase. »Dass man jeden Tag genießen sollte. Es gibt nichts, was die Aufregung wirklich wert ist.« Sie machte eine Pause. »Und dass man dankbar sein sollte für das, was ist.«

Dankbarkeit. Für das Hier und Jetzt. Für das Leben. Für die Gesundheit. Mit diesen Gedanken und jedem meiner Schritte entfernte ich mich von Sarah und ging zurück in meine Realität. Ein notwendiger Schritt, um mich von der Geschichte der Familie zu distanzieren und sie nicht zu meiner werden zu lassen.

Daheim angekommen, sprach ich mit Anni. Wir saßen wie so oft auf dem Teppichboden in meinem Zimmer, einen Becher Tee vor uns. »Waren wir nicht mal alle so wie Sarah und ihre Brüder? So feinfühlige, kleine, weise Wesen?«, fragte ich sie. »Was ist denn mit uns passiert auf dem Weg zum Erwachsenwerden?« Die Momente, in denen ich so meine Gedanken mit anderen teilte, waren selten. Meistens machte ich das mit mir selbst aus, schrieb Tagebuch und zog mich zurück. Anni blickte gedankenverloren in die Luft, dann zuckte sie mit den Schultern und kritzelte kleine Zeichnungen in ein Notizbuch. »Sarah ist schon sehr besonders«, murmelte sie nach langem Überlegen. »Ich habe gemerkt, wie befangen ich erst reagiert habe, als sie zum Keksebacken hier war. Aber Sarah hat so viel Energie, dass man gar nicht in diese mitleidsvolle, vorsichtige Stimmung kommt.« Ich nickte und dachte daran, wie

Privat

intuitiv Kinder auf ihre Umgebung reagieren konnten.

»Lust auf Bananenbrot?« Anni schaute mich plötzlich augenzwinkernd an. »Jetzt um halb zehn?«, fragte ich erstaunt. »Nenne mir nur einen Grund dagegen.« »Es gibt keinen«, lachte ich und sauste in die Küche. Wir fingen an, einige überreife Bananen mit der Gabel zu zerdrücken und mit Mehl, Haferflocken und Wasser zu einer gleichmäßigen Masse zu rühren. »Sarah würde bei all dem Gemansche bestimmt ihren Spaß haben«, sagte ich und schob das Brot in den Ofen. Während wir auf das Ergebnis unserer Backkunst warteten, saßen wir schweigend am Fenster und schauten in die Dunkelheit. Kerzen brannten und ich war froh, dass es in diesem Moment keine Worte brauchte und dass ich in dieser Stille, die für manche Menschen schier unerträglich war, mit Anni so gut verweilen konnte.

Träume und Erinnerungen

In all den Jahren, in denen Sarah langsam immer mehr von sich verlor und die Demenz sie zunehmend überwältigte, kamen irgendwann auch die epileptischen Anfälle hinzu. Als wir uns noch nicht kannten, lagen nur ein paar Wochen zwischen Diagnosestellung und dem ersten Anfall. Yvonne erinnerte sich: »Das ganze Kind hat gezappelt und war ganz weiß und blau. Auf einmal waren da erschreckend viele Rettungskräfte. Ich habe gehofft, dass es nicht so dramatisch ist, aber fünf Leute ... sie hing in irgendwelchen Armen, alles schlaff, da war nichts mehr von meinem Kind.«

Jeder Anfall zerstört mehr von Sarahs Gehirnzellen. Jedes Mal verschwindet Sarah ein bisschen mehr. Wie wird es sein, wenn die Situation eintritt, dass sie zwar noch am Leben ist, aber nicht länger lebendig? Ihre großen Träume zerplatzen nach und nach wie Seifenblasen. Am Ende bleiben vielleicht nur noch die Reste davon, die man auf der Haut spürt. Die nasse, klebrige Flüssigkeit der Seifenblase, die vorher noch in Regenbogenfarben schimmerte und jetzt nur noch als vergangene Erinnerung auf der Haut klebt.

Eine besonders eindrückliche Erinnerung an Sarah ist unser gemeinsamer Schiffsausflug gewesen. Ich holte Sarah ab und wir stärkten uns noch ein wenig für unser Abenteuer: »Eine heiße Schokolade und ein Croissant, bitte«, sagte ich zu der Bäckereiverkäuferin und drückte ihr mein Kleingeld in die Hand. »Na, bereit für die Fahrt auf dem Schiff?«, fragte ich Sarah und gab ihr den Becher mit der heißen Flüssigkeit in die Hand. »Mhmm«, murmelte Sarah und hielt sich mehr an meinem Oberkörper als an meiner Hand fest. Wir gingen langsam von den Landungsbrücken zu dem Teil des Hamburger Hafens, wo die Fähre nach Finkenwerder ablegte. »Wollen wir oben sitzen?«, fragte ich Sarah, und sie nickte. Auf dem Deck blies uns der Wind um die Ohren und auch ein paar Regentropfen gesellten sich dazu. Echtes Hamburger Wetter.

»Huhuuuu«, heulte Sarah in den Wind und verzog den Mund zu einem breiten Grinsen, als das Schiff ablegte. Sie nippte an ihrer Schokolade. »Johannaaa. Daaaa. Ein Piratenschiff.« Sie deutete direkt neben sich auf das Wasser. »Gespensterpiraten?«, fragte ich, und sie nickte zum wiederholten Mal. »Aaaah, sie kommen immer näher«, quiekte Sarah und drückte sich eng an mich. »Das sind Vampirpiraten. Die sind durchsichtig und haben scharfe Zähne«, lachte sie. Sarah zappelte auf ihrem Sitz hin und her: »Sie kommen uns hoooolen«, rief ich genauso aufgeregt.

»Warum aber ausgerechnet immer Vampire?«, fragte ich sie. »Dann kann ich immer meinen Geburtstag feiern und mit meiner Familie weiterspielen«, flüsterte mir Sarah zu und streichelte mir über meinen Kopf. »Weil die immer da sind, auch wenn sie tot sind, Johanna.«

Aus: Johanna Klug (2022). Liebe den ersten Tag vom Rest deines Lebens. Zehn Einsichten Sterbender, die uns erfüllter leben lassen. München: Gräfe und Unzer Edition, S. 88–92

© Hendrik Nix

Johanna Klug ist Autorin, Journalistin sowie Sterbe- und Trauerbegleiterin. Nach langjähriger Erfahrung im Hospiz- und Palliativbereich in Deutschland und Südafrika engagiert sie sich weiterhin ehrenamtlich in der Begleitung schwerkranker und sterbender Menschen und widmet sich Projekten rund um Sterben, Tod und Trauer. Aktuell lebt sie in Berlin und bietet Lesungen, Seminare und Vorträge an.

Kontakt: hallo@johanna-klug.de
Website: www.johanna-klug.de

Folgen Sie Sarah gern auf:
https://www.instagram.com/sarahunddiencl/

Spenden an: https://www.ncl-stiftung.de/

Anmerkung

1 Aus: Podcast mit Veit Lindau: https://open.spotify.com/episode/6AZ92VDwPMJ5tZTUIC9YW6?si=fde87d0de-afa4fc1

Tiere als Beziehungsoption, Brücke und Türöffner in der Stabilisierung von Kindern und Jugendlichen in erschwerter Trauer

Samira Schüller

Kinder und Jugendliche sind betroffen von erschwerter Trauer. Sie erleben Verluste durch Suizide von Angehörigen, durch erweiterte Suizide und Tötungsdelikte. Viele Kinder geflüchteter Familien (über-)leben mit dem gewaltbedingten Tod und Abschied von geliebten Menschen, von Heimat und Zuhause durch Krieg und Flucht. Auch Unfälle, Naturkatastrophen und andere Sterbefälle können traumatisch sein.

Definition Psychotrauma

Ein Psychotrauma resultiert aus einem Erlebnis im Leben eines Menschen,

- das als potenziell lebensbedrohlich bewertet wird;
- das mit überwältigenden Gefühlen von Angst, Hilflosigkeit, drohender Vernichtung verbunden ist;
- das daher nicht zeitgleich verarbeitet werden kann;
- für dessen Verarbeitung auch in der Folge nicht ausreichend Ressourcen (Gesundheit, andere unterstützende Menschen, Geld, Nahrung, Fürsorge, Geborgenheit, Sicherheit …) vorhanden sind.

(Hantke und Görges 2012)

Was bedeutet traumasensible Trauerbegleitung?

Wie können Kinder und Jugendliche, die von traumatischen Verlusten betroffen sind, kompetent und altersgerecht begleitet werden? Wie kann ein Begleitungsangebot im Einzelsetting konkret aufgebaut und strukturiert werden? Welche Punkte sind zu beachten und wie können Stabilisierung und Kontaktgestaltung gelingen? Wie können Erkenntnisse und Erfahrungen aus dem Bereich der Traumapädagogik/Traumafachberatung Trauerbegleitung unterstützen und fachlich bereichern?

Um mich diesen Fragstellungen zu nähern, stelle ich einen anonymisierten Fall aus meiner Praxis vor. Der Schwerpunkt liegt zunächst bei der Herstellung einer vertrauensvollen Arbeitsgrundlage zu Beginn der Begleitung. Es fließen Inhalte, Theorien und Erfahrung der Berufsfelder Sozialpädagogik, Trauerbegleitung, Traumafachberatung und Tiergestützter Pädagogik zusammen. Der Einsatz von Elementen der traumasensiblen tiergestützten Pädagogik kann gerade bei Kindern und Jugendlichen Türen zu Stabilisierung öffnen und Brücken bauen. Dies gilt insbesondere für Kinder und Jugendliche, die traumatische Erfahrungen im Rahmen naher Bindungen und Beziehungen gemacht haben. Das können Todesfälle durch Suizid, Gewalttaten und Krieg sein. Auch Kinder und Jugendliche, die neben dem Sterbefall andere Risiko- und Belastungsfaktoren wie Leben in relativer Armut, Suchterkrankung in der Familie oder Gewalterfahrungen tra-

Leidfaden, Heft 1 / 2024, S. 70–74, ISSN (Printausgabe): 2192-1202, ISSN (online): 2196-8217, gen, profitieren von einem solchen Herangehen. Ist das Vertrauen erwachsenen Menschen gegenüber erschüttert, kann ein gut sozialisiertes und fachlich kompetent eingesetztes Tier eine unbelastete Beziehungsalternative sein. Diese Brücke kann helfen, eine tragfähige Grundlage für die Trauerbegleitung zu schaffen.

In Abgrenzung zu therapeutischer Arbeit mit traumatisierten Kindern und Jugendlichen ist das Ziel von traumasensibler Trauerbegleitung die Stabilisierung der Betroffenen, die Wiederherstellung und das Aufrechterhalten von Alltag und einer möglichst hohen Lebensqualität.

Stabilität bedeutet in diesem Kontext nicht, unangegriffen und voll funktionsfähig, sozial angepasst und der Norm entsprechend wirken und handeln zu können. Stabil wird in der Traumapädagogik definiert als Fähigkeit, situationsangemessen, orientiert im Hier und Jetzt, selbstwirksam, mit sich selbst verbunden handlungsfähig zu sein und zu bleiben. Fehlende Stabilität äußert sich darin, dass Unsicherheit, Angst, schlechter Schlaf, sich aufdrängende Erinnerungen, dissoziative Symptome oder Zustände, durchbrechende Emotionen und weitere Traumafolgesymptome das Erleben, Fühlen und Verhalten bestimmen und dieser Zustand von den Klient*innen nicht selbst ausreichend verändert werden kann (vgl. Hantke und Görges 2012).

Praxisbeispiel: Kate, 10 Jahre alt

Kate lebt in einer Pflegefamilie, nachdem sie vom Jugendamt aus ihrer Familie heraus in Obhut genommen wurde. Ihr schwer suchtkranker Vater hat sich nach der Inhobhutnahme des Kindes das Leben genommen. Die Mutter ist zu dem Zeitpunkt aufgrund ihrer Suchtproblematik in einer stationären Langzeittherapie.

Die Pflegemutter sucht Unterstützung für das Mädchen, das in den meisten Situationen sehr still und zurückgezogen ist. In anderen Momenten fallen ihr bei Kate starke Unruhe und Angst, Unsicherheit, plötzliche Wutanfälle und generell Schlafprobleme auf. Sie wünscht sich, dass Kate Entlastung findet, jemanden zum Reden hat und einen Umgang mit dem Tod des Vaters findet. Sie befürchtet, dass Kate Schuldgefühle hat, da der Vater sich nach der Herausnahme des Kindes das Leben genommen hat.

Kate will zunächst nicht zur Trauerbegleitung kommen, auch Kinderpsychotherapie, Ergotherapie und Beratung lehnt sie ab. Wird sie zu den Terminen gebracht, beschreibt die Pflegemutter folgende Beobachtungen: Kate schweigt, sie nimmt keinen Blickkontakt zum Gegenüber auf, ihre Körperhaltung ist starr, die Atmung ist flach. Kate sucht die Nähe zum Ausgang, nach den Terminen fühlt das Kind sich kalt an, es wirkt, als »bräuchte sie einige Zeit, um wieder aufzutauchen und aufzutauen«, sie zittert eine Weile nach den Terminen. Ganz offensichtlich erlebt Kate die Hilfsangebote zunächst nicht

Ich erzähle, dass Leo schon viele Kinder begleitet hat, die jemanden durch einen Todesfall verloren haben, und dass er das sehr gern macht.

Samira Schiller

als hilfreich. Sie zeigt deutlich, dass die unbekannten Situationen sie hochgradig stressen und überfordern.

Um Kate einen anderen Zugang in ein unterstützendes Angebot zu ermöglichen, ist es die Idee, eine Kontaktaufnahme über meine beiden ausgebildeten Therapiebegleithunde zu versuchen. Kate mag Hunde sehr gern und hat wie viele Kinder einen guten Draht zu Tieren. Anders als erwachsene Menschen sind Tiere für Kate nicht durch Erfahrungen von Kontrollverlust, Überforderung und Ohnmacht geprägt.

Nach dem Vorgespräch zwischen mir und der Pflegemutter erzählt die Pflegemutter Kate, dass sie gern einen Termin für sie bei mir machen will. Sie zeigt Kate das Bild von den Hunden Lotte und Leo auf meiner Homepage und berichtet, dass die beiden Hunde auch bei mir arbeiten. Kate erhält die sichere Zusage, dass erst einmal nur dieser eine Termin vereinbart ist und sie dann überlegt, ob sie wiederkommt. Es ist eine Möglichkeit wiederzukommen, kein Muss. Traumatische Situationen sind im Kern geprägt von Ohnmacht, Ausgeliefertsein, keine Wahl haben. Daher ist schon hier das Ziel, Kate eine Wahlmöglichkeit anzubieten, und die Erfahrung, dass sie Kontrolle hat und selbstwirksam ist. Bevor sie zu mir kommt, weiß sie schon, wo »der Notausgang« ist und dass sie nicht gezwungen ist wiederzukommen. Kate willigt ein, sich die Hunde anzuschauen und mit zu mir zu kommen.

Als Kate und ihre Pflegemutter zu mir kommen, huscht Kate an mir vorbei, sorgt für räumliche Distanz zwischen mir und sich. Sie steht auf einem Bein, die Atmung ist auf den oberen Teil des Brustkorbs beschränkt. Sie schaut mich nicht an, schaut sich im Raum um und fragt: »Wo sind die Hunde?« Ich sage ihr, dass die Hunde im Nebenraum sind und dort warten. Und bevor einer der beiden Hunde zu uns kommt, würde ich gern mit ihr beschnacken, was sie so alles über Hunde weiß, damit das gut klappt zwischen den Hunden und ihr. Ich spreche ruhig und gleichzeitig mit lebendigem Sprachfluss, ich verringere den räumlichen Abstand zwischen Kate und mir nicht von meiner Seite aus. Ich achte darauf, sie

Samira Schüller

nicht mit meinem Blick zu fixieren, und auf eine entspannte Körperhaltung.

Kate schaut auf, knapp an mir vorbei. »Ich weiß eine Menge«, sagt sie und atmet aus und etwas tiefer wieder ein. »Okay, erzähl mal«, lade ich sie ein – sie läuft einen Bogen um mich herum, setzt sich an den Tisch, zieht ein Bein auf den Stuhl, legt den Arm um das Bein und schaut mich ganz kurz an. Dann schaut sie an einen Punkt neben hinter mir und erzählt schnell: »Ich kenne eine Menge Hunde. Also Hunde mögen …« Gemeinsam überlegen wir, was Lotte oder Leo brauchen, um sich wohl zu fühlen. Ich frage Kate, wie sie es schaffen kann, das Vertrauen der Hunde zu gewinnen, und woran Kate merken kann, wie es den beiden Hunden geht.

Kates Körperspannung wird etwas lockerer. Ihre Atmung wird entspannter und tiefer, je mehr wir in das Thema »Hund« einsteigen und sie erlebt, dass ich bei diesem unbelasteten Thema bleibe. Es ist sicher. Wir sprechen an dieser Stelle nicht über ihren Verlust, über Belastendes und Dinge, die sich verändern sollen. Es geht darum, einen sicheren, unbelasteten Boden zu finden und herzustellen, auf dem Kate Halt finden kann.

Gemeinsam besprechen wir, dass einer der Hunde rüberkommt, nicht beide. Da beide Hunde fit und einsatzbereit sind, darf Kate aussuchen, welcher Hund zu ihr kommt. Es ist Leo, der fünfjährige, lebhafte Rüde. Wir machen ab, dass ich das letzte Wort mit den Hunden habe, dass ich aufpasse und gucke, dass es allen gut geht. Das ist mein Job, abgemacht.

Leo kommt dazu, beide begrüßen sich recht stürmisch, was dem Interaktionsverhalten von Leo entspricht. Kate ist in der direkten körperlichen Begegnung mit Leo weich, schwingt mit Leo mit, schaut ihn an, lacht, streichelt ihn, redet mit ihm, leise und freundlich. Ich lasse den Interaktionsschwerpunkt ab jetzt bei diesem ersten Treffen zwischen Kate und Leo. Ich als (bedrohliche) Erwachsene halte mich sehr zurück. Ich vermittle zwischen Hund und Kind, unterstützte an den Punkten, an denen ich gebraucht werde.

Stabilität nach Hantke und Görges meint die Stärkung/das Ermöglichen der Klient*innen von:

1. Aufmerksamkeitslenkung
2. Körperwahrnehmung, Körperregulation, Körperbezug
3. Regulation von Nähe und Distanz in Beziehungen
4. Selbstwahrnehmung, Selbstbild/Möglichkeit der Veränderung und Anpassung des Selbstbildes der Klient*innen
5. Umfeld und Raum um sich herum wahrnehmen, nutzen und gestalten
6. Erleben auf der Zeitlinie einordnen
7. Erleben Sinn geben und sich als Teil der Welt wahrnehmen

Die erste Kontaktaufnahme ist im Sinne der Stabilisierung nach Hantke und Görges reich an positiven, neuen Erfahrungen: Kate lenkt ihre Aufmerksamkeit, reguliert ihre Kraft und Körpersprache gegenüber dem freundlichen Vierbeiner. Sie bestimmt über Nähe und Distanz mir gegenüber und in der Interaktion mit dem Hund. Ich nehme ihre Signale ernst, die zeigen, dass sie zunächst viel Sicherheitsabstand zu mir als fremde erwachsene Person braucht. Anders als in anderen Situationen im Hilfesystem erlebt sie sich als selbstwirksam. Sie wird in ihrer Kompetenz angesprochen, auf so sicherem Boden wie möglich, es geht nicht um Defizite und Veränderungsdruck. Sie kann sich als dem Kontakt gewachsen erleben – und kann dies im Laufe der folgenden Begleitungen in ihr Selbstbild integrieren. Auch die drei letzten Stichworte der Stabilisierung finden sich in der Interaktion wieder: Kate nutzt und gestaltet in dem Spiel mit dem felligen Begleiter den Raum um sich herum, nimmt den Raum um sich herum wahr und orientiert sich. Im Spiel mit Leo strukturiert sie mit meiner Hilfe ihr Vorgehen, erlebt Zeit als etwas, was sie über-

> »Man weiß gar nicht, was da jetzt passiert. Man ist einfach nur verletzt, enttäuscht.«
> Lena, 19 Jahre, ihr Vater starb vor zwei Jahren an Bauchspeicheldrüsenkrebs

blicken und organisieren kann. Diese erste Stunde traumasensibler Trauerbegleitung gestaltet sie aktiv mit, es ist nicht etwas, was ihr passiert. Leo meldet Kate in seinem Verhalten direkt zurück, dass sie in dieser Stunde Teil seiner Welt ist und dass das, was sie tut, für ihn Sinn macht.

Am Ende der Einheit baut Kate einen »guten Ort« für Leo in einer Ecke des Raums. Sie entscheidet, wo ein guter Platz für Leos Decke ist, platziert Trinknapf und Kauholz. Leo liegt auf seiner Decke, wir sitzen auf dem Boden. Kates Körperhaltung ist deutlich entspannter als zu Beginn, die Atmung ruhiger und tiefer, ihr Blick huscht nicht mehr ruhelos durch den Raum.

Ich erzähle, dass Leo schon viele Kinder begleitet hat, die jemanden durch einen Todesfall verloren haben, und dass er das sehr gern macht. Kate streichelt Leo und hört mir dabei wie nebenbei aufmerksam zu. Sie schaut mich nicht an. »Und was macht ihr dann noch so?«, fragt sie leise. »Wir reden über den Menschen der gestorben ist, über Gefühle, wir spielen mit Leo, manchmal bauen wir auch Erinnerungskisten aus Holz, malen oder nähen etwas. Je nachdem was das Kind gern machen will. Hier suchen die Kinder aus, was sie machen mögen und was vielleicht helfen kann.« Ich frage, ob sie wiederkommen möchte. Kate sagt ja und ich mache mit der Pflegemutter einen neuen Termin aus.

In den folgenden Terminen starten wir jedes Mal mit einem interaktiven Spiel mit Leo. Wir sprechen darüber, woran Kate erkennen kann, wie Leo sich fühlt. Was Leo machen würde, wenn er traurig oder wütend wäre. Ob der Vierbeiner wohl traurig oder wütend, einsam wäre, wenn seine Hundefreundin Lotte stirbt. Was hilft, wenn man traurig, wütend, einsam ist, Heimweh hat und jemanden ganz furchtbar vermisst … Zu Beginn ist es leichter, über Leo zu reden, die Themen, die Kate bewegen, auf den Hund zu übertragen. Das Übertragen auf ihn ermöglicht die noch nötige Distanz zu den eigenen Gefühlen, die für Kate zunächst noch zu überwältigend sind.

Schritt für Schritt und mit dem wachsenden Vertrauen traut Kate sich, direkt über sich selbst und ihre Gedanken und Gefühle zu reden, von Erinnerungen, schönen und schwierigen, zu erzählen. Wenn die Spannung in ihr zu hoch, der Stress und die Belastung grenzwertig werden, helfen ein Blick zu Leo und ein Wechseln in eine Tätigkeit, die darin unterstützt, die Anspannung zu regulieren. Auch Elemente der Traumapädagogik wie die Regulierung von und der Umgang mit Spannungszuständen, belastenden Gefühlen und Gedanken, Distanzierungsübungen und das Arbeiten mit der Zeitlinie kommen in der Begleitung zum Einsatz. Sie sind sehr sinnhafte und hilfreiche Ergänzungen zu den Fertigkeiten und dem Handwerkzeug der Trauerbegleitung.

Samira Schüller ist Diplom-Sozialpädagogin, Trauerbegleiterin (BVT), Traumafachberaterin (DeGPT) und arbeitet mit ihren ausgebildeten Therapiebegleithunden in eigener Praxis in Kiel. Sie begleitet Erwachsene, Jugendliche und Kinder nach Verlust und in belasteten Lebenslagen. Ein besonderer Schwerpunkt ist hierbei Begleitung bei Trauer nach Suizid.

Kontakt: info@samiraschueller.de
Website: www.samiraschueller.de

Literatur

Hantke, L.; Görges, H.-J. (2012). Handbuch Traumakompetenz. Basiswissen für Therapie, Beratung und Pädagogik. Paderborn.

Julius, H.; Beetz, A.; Kotrschal, K.; Turner, D.C.; Uvnäs-Moberg, K. (2014). Bindung zu Tieren. Psychologische und neurobiologische Grundlagen tiergestützter Intervention. Göttingen.

Rechenberg-Winter, P.; Fischinger, E. (2010). Kursbuch systemische Trauerbegleitung. Göttingen.

Vernooij, M.A.; Schneider, S. (2008). Handbuch der tiergestützten Intervention. Grundlagen, Konzepte, Praxisfelder. Wiebelsheim.

Morphium, Gin Tonic und Instagram by Dada Peng

Von Innovation und Digitalisierung in der Hospizarbeit

Dada Peng

Sind Hospize auch für Jüngere attraktiv?

Die Lebensrealität von uns allen hat sich in den letzten zwanzig Jahren enorm verändert. Vor allem die Digitalisierung und Globalisierung haben dazu beigetragen. Junge Menschen leben online und offline, Fünfzigjährige sind heute noch genauso aktiv wie mit dreißig und auch die Situation von Familien hat sich geändert; es gibt immer mehr Single-Haushalte und Patchworkfamilien.

Wenn sich die Lebenssituation von uns allen so sehr verändert hat, beeinflusst das natürlich auch unser aller Sterben. Wir möchten autark und individuell sterben können. Selbstbestimmt, so lange es nur möglich ist. Meine Initiative »Superhelden fliegen vor« möchte dementsprechende Angebote schaffen und lädt Menschen aus allen gesellschaftlichen Bereichen dazu ein, sich einzubringen.

Als ich vor 23 Jahren zum ersten Mal ein Hospiz betrat, da wurde ich mit offenen Armen und großen Augen empfangen. Als junger Mann war ich ein echter Exot in der Hospizarbeit. Insgesamt drei Jahre war ich daraufhin Ehrenamtler und wurde in dieser Zeit zum Sterbebegleiter ausgebildet.

In den letzten zehn Jahren durfte ich mit über 120 Hospizvereinen gemeinsame Veranstaltungen ausrichten und habe dabei auch unzählige Hospize besucht. In fast allen gibt es wunderbare Angebote für alte Menschen oder in den Kinderhospizen für Kinder. Allerdings gibt es wenig bis oftmals keine Angebote, die explizit auch auf die Nöte und Wünsche von jungen Sterbenden und jungen Erwachsenen eingehen. Ebenso vermisse ich digitale Angebote, denn der Bedarf ist da, das zeigen nicht zuletzt unsere über 10.000 Follower auf Instagram.

Die Hospizbewegung ist in erster Linie aus einer Bürgerbewegung entstanden, die seinerzeit revolutionär war. Das Sterben in die Gesellschaft zu integrieren, war nicht selbstverständlich. Viele Hospize, die in Wohngegenden geschaffen wurden, hatten und haben zum Teil heute noch, mit den Befürchtungen und Ängsten der Anwohner:innen zu kämpfen. Menschen möchten einfach nicht tagtäglich an die eigene Endlichkeit erinnert werden. Ein vorbeifahrender Leichenwagen kann da schon zu einem ungewollten Anblick werden. Gegen alle Widerstände eine lebendige und vielfältige Hospizlandschaft aufgebaut zu haben, das ist ein großes Verdienst all jener, die von Stunde null an dabei waren.

Auch heute noch ist das Thema »Tod und Sterben« nicht in der Mitte der Gesellschaft angekommen. Aber ein Großteil der Menschen weiß zumindest, was ein Hospiz ist, und über die Jahre hinweg konnte tausenden Bewohner:innen dort ein würdevolles und schmerzfreies Sterben geschenkt werden.

Dies wiederum eröffnet ganz neue Möglichkeiten. Wir können tatsächlich das Sterben gestalten. Wow! Das muss man sich wirklich einmal überlegen: Wahrscheinlich sind wir die ersten Menschen in der Geschichte der Menschheit, die in der Lage sind, ihr Sterben zu gestalten. Und das liegt nicht nur an der Palliativmedizin, das

Leidfaden, Heft 1 / 2024, S. 75–78, ISSN (Printausgabe): 2192-1202, ISSN (online): 2196-8217, © 2024 Vandenhoeck & Ruprecht

liegt auch daran, dass wir in Frieden und Freiheit leben, dass wir in einem der reichsten Länder dieser Erde leben und dass wir medizinische und technische Möglichkeiten haben, die noch nie zuvor Menschen zur Verfügung standen.

Das bietet ganz neue Möglichkeiten, aber auch eine Verpflichtung all jenen Menschen gegenüber, die genau diesen Luxus nicht haben. Wir können das Sterben erforschen, unsere Freiheiten nutzen, um den Sterbeprozess zu revolutionieren. Das Sterben so erleben, in seiner reinsten Form, wie es zuvor noch niemand konnte. Dass dies überhaupt möglich ist, das verdanken wir der Palliativmedizin. Zum einen gehört dazu die Erkenntnis, dass nicht jedes Leben beliebig verlängert werden kann, und zum anderen die Möglichkeit, schmerzfrei die letzte Lebensphase zu erleben. Und jetzt? Schaffen wir das? Wollen wir das?

Veränderungen machen vielen Menschen Angst. Und in der Hospizbewegung arbeiten und engagieren sich Menschen. Die meisten Menschen dort haben einen medizinischen oder sozialen

AI generated image / Shutterstock

Hintergrund. Vollzeitkräfte sind meistens im Pflegebereich und in der Administration zu finden. Nur selten finden wir auch Eventmanager:innen, Presse- und Öffentlichkeitsmitarbeitende; ganz zu schweigen von einem Social-Media-Manager.

Verständlicherweise wurde in den Anfängen und in den letzten Jahrzehnten in erster Linie auf die Versorgung der Sterbenden der Fokus gelegt. Die Welt scheint in vielen Hospizen für die Sterbenden oft stillzustehen und auch wenn oftmals das Interesse an allem, was da draußen noch so passiert, schwindet, so dreht sich die Welt doch weiter. Noch nie gab es so viele gesellschaftliche Veränderungen in so kurzer Zeit.

Das bedeutet auch, dass sich die Angebote der Hospizbewegung verändern müssen. Wenn ich mir in vielen Bereichen die bestehenden Angebote anschaue, so ähneln sie in einem großen Ausmaß den Angeboten, die es auch vor zwanzig Jahren gab. Es gibt Hospize, die keine Website haben. Newsletter werden noch per Post verschickt. Junge Menschen versucht man mit Flyern zur Mitarbeit zu motivieren. Dass das so nicht funktionieren kann, sieht man, sobald man sich die Altersstruktur von Ehrenamtlichen anschaut. Noch immer ist ein Ehrenamt in erster Linie für ältere Menschen attraktiv. Und selbst wenn sich auch mal ein junger Mensch engagiert, so ist er doch an die bestehenden Strukturen gebunden.

Und dann kann ich in den letzten Jahren verstärkt beobachten, dass es zwar jüngere Menschen gibt, die sich mit dem Thema beschäftigen und die Hospizarbeit stärken wollen. Das ist toll! Allerdings bringt es wenig, wenn nun einfach eine dreißigjährige Frau mit einem Trauerstein, einer Klangschale oder einem Schokokuss genau da weitermacht, wo die achtzigjährige Sterbebegleiterin aufgehört hat. Am dringendsten brauchen wir keine jungen Menschen in der Hospizarbeit. Was wir brauchen, sind Menschen, die jung, innovativ und neu denken. Dann ist es völlig egal, ob dieser Mensch 14 oder 75 ist.

> »Ich hab (…) viel Stress in der Schule gehabt (…), hab Leute verloren, von denen ich dachte, sie wären meine Freunde. Die haben gesagt: ›Pass auf, das brauchst du jetzt gar nicht mit in die Schule nehmen, das ist privat. (…)‹ Das war schrecklich.«
>
> Lena, 19 Jahre, ihr Vater starb vor zwei Jahren an Bauchspeicheldrüsenkrebs

Hospiz oder nicht Hospiz?

Viele Menschen möchten zu Hause sterben. Als Angehörige:r möchte man diesen Wunsch erfüllen. In vielen Fällen ist dies aber einfach nicht machbar. Manchmal zieht sich die Sterbephase über Wochen oder gar Monate hin. In der Wohnung wird für die Betreuung ein geeigneter Platz benötigt und das Familienleben läuft weiter.

Der Gang in ein Hospiz ist für viele Patient:innen, aber auch für die Angehörigen eine enorme Entlastung. Zu wissen, dass der geliebte Mensch rund um die Uhr medizinisch gut versorgt ist, das kommt allen Beteiligten zugute. Denn was macht man, wenn der Patient beispielsweise nachts einen Krampfanfall bekommt und man als Angehöriger einfach nur neben dem Bett stehen kann, ohne zu wissen, was in einer solchen Situation richtig oder falsch ist?

Diese Einsicht ist für eine gute Sterbebegleitung extrem wichtig. Denn ein sterbender Mensch kann anders leben als ein Mensch, der auf eine Genesung hofft. Im Endeffekt gibt es dem Sterbenden auch eine große Freiheit. Er kann alles essen, was er mag, so viel er will, rauchen, trinken, kiffen. Was immer dem Sterbenden im Moment gut tut, ist okay.

Einen sterbenden Menschen zu begleiten, bedeutet in erster Linie da zu sein, zuzuhören und sich selbst zurückzunehmen. Das ist jetzt die Show des Sterbenden. Er steht voll und ganz im Mittelpunkt, denn dieses Erleben ist einmalig.

Jeder Mensch kann begleiten. Viele Menschen haben Angst, in einer Begleitung etwas falsch zu machen. Zu sterben bedeutet aber zu leben. Es ist eine Lebensphase, in der man lachen, weinen und auch mal streiten darf. Und so müssen wir auch die Art der Sterbebegleitung neu gestalten und auf die Bedürfnisse der neuen Generation von Hospizbewohner:innen ausrichten. Sterbebegleitung muss den Sterbenden emanzipieren und seiner bisherigen Lebensrealität entsprechen.

Die Angebote müssen vielfältiger werden. Ähnlich wie bei der Auswahl eines Hotels muss der Sterbende eine Wahl haben. Eine Wahl, was das Design angeht, eine Wahl, welche Angebote er nutzen möchte, und auch die Möglichkeit, zwischen verschiedenen Sterbebegleiter:innen zu wählen.

Wir können die Sterbebegleitung nicht einfach auf Ehrenamtler »schieben«. Wenn wir junge Menschen für die Hospizarbeit begeistern wollen, so müssen auch die Konditionen und Arbeitsbedingungen attraktiv werden. Kein Mitte dreißigjähriger Familienvater, der voll im Arbeitsleben steht, hat Zeit, sich für ein Ehrenamt zu verpflichten. Warum gibt es Sterbebegleitung nicht als Beruf? Ehrenamt muss immer als Zusatz gesehen werden. Das Ehrenamt kann keine professionellen Mitarbeitenden ersetzen. Und wie sieht es mit Weiterbildungen aus? Warum schaffen wir keinen TÜV oder ein Gütesiegel, das einen gewissen, auch digitalen Standard, voraussetzt?

Die Lebensrealitäten ändern sich. Alles ist im Wandel. Neulich wurde mir von einem Patienten erzählt, der sein Leben lang starker Kiffer war. Er konnte kein einziges Hospiz finden, in dem er auch weiterhin hätte kiffen dürfen. Meine Meinung dazu: Es gibt immer Gründe, etwas nicht zu tun, es gibt immer Bedenkenträger. Wir brauchen Menschen, die Dinge möglich machen. Dafür ist die Zeit jetzt reif. Wenn ein Sterbender Schmetterlinge beobachten möchte und bei einem Glas Tee friedlich im Garten sitzen mag, so ist es an uns, ihm genau das zu ermöglichen. Und wenn er unter Morphium mit einem Gin Tonic in der Hand nochmal bei Instagram live gehen möchte, in seinem Zimmer kiffen und der Welt so Lebewohl sagen mag, so ist es ebenfalls an uns, ihm genau das zu ermöglichen.

Wir brauchen mehr Zulauf aus der Mitte der Gesellschaft. Dazu müssen wir die Menschen dort abholen, wo sie tagtäglich unterwegs sind. Im Netz!

Lasst uns Vorreiter:innen sein und diese geschenkte Zeit am Lebensende gemeinsam neu gestalten. Lasst uns nicht darüber diskutieren, ob es sich schickt, ein Facebook-Profil zu erstellen, lasst uns eine Virtual-Reality-Brille entwickeln, die es jedem Sterbenden ermöglicht, den Ort während des Sterbens vor sich zu haben, den er sich wünscht.

Lasst uns gemeinsam das bereits Erreichte feiern und für all jene, die es nicht können, weil sie erschossen werden, verhungern oder auf dem Mittelmeer ertrinken, das Sterben ganz aktiv erleben, es begleiten und lasst uns alle mutig neue Wege gehen. So, wie es auch die Menschen taten, die diese großartige Bewegung vor Jahrzehnten gründeten. Auf das Leben und auf das Sterben!

Dada Peng ist Autor, Songwriter und Begründer von SUPERHELDEN FLIEGEN VOR.

Kontakt: dp@superhelden-fliegen-vor.de
Websites: www.dada-peng.com
www.superhelden-fliegen-vor.de

Literatur

Peng, D. (2022). Knockin' on Jimmy's door. Wie wir glücklicher leben, wenn wir zu sterben lernen. Freiburg u. a.

Einfach so weg

Ein Buch zur Trauerarbeit mit Jugendlichen

Ayşe Bosse

»Mama, ich habe Angst, dass ich Opa vergesse!« Dieser Satz war der Ursprung der Idee zu meinem ersten interaktiven Trauerbuch für Kinder. Unsere Tochter war damals knapp sieben Jahre alt und mein Vater gerade gestorben. Die beiden waren sich sehr nah gewesen. Nun war er »einfach so weg«, ein Satz, der einige Jahre später noch wichtig werden sollte.

Als mein Vater starb, befand ich mich ganz frisch in der Ausbildung zur Trauerbegleiterin, und als Mutter eines trauernden Kindes empfand ich das große Bedürfnis, meinem Kind die Angst vor dem Vergessen zu nehmen, aber auch etwas zu erschaffen, das ihm und vielen anderen Kindern die Möglichkeit geben sollte, der Trauer mit all ihren Gefühlen Raum zu geben. Das Buch *Weil du mir so fehlst – Dein Buch fürs Abschiednehmen, Vermissen und Erinnern* erschien im Herbst 2016 und das allererste Vordruck-Exemplar bekam unsere Tochter. Nun konnten wir zusammen die vielen Erinnerungen an ihren Opa eintragen und so ihren Gefühlen und Ängsten rund um seinen Tod Ausdruck verleihen. Und Kinder werden größer.

Im Lauf der nächsten Jahre sammelte ich Erfahrungen als Trauerbegleiterin für Kinder und Jugendliche – und meine Tochter wuchs. Durch meine Arbeit mit unterschiedlichen Altersgruppen und das nicht aufzuhaltende Wachsen meiner Tochter wurde mir bewusst, dass mein Buch eine bestimmte Altersgruppe nicht mehr abholte: die Teenager. Für Jugendliche waren die Geschichte des Bären und die Aufmachung des Buches nicht ansprechend, nicht cool genug. »Babykram«, hab ich oftmals gehört, als ich in Jugendlichentrauergruppen mit einzelnen Seiten aus dem Buch arbeiten wollte.

Also musste ein zweites Buch her. Ich machte mich auf den Weg durch ganz Deutschland und besuchte Jugendliche in ihren Trauergruppen, um mit ihnen darüber zu reden, was sie in ihrer Trauer brauchen und was nicht, was ihnen hilft zu trauern oder auch mal abzuschalten und zu vergessen. Wie sich herausstellte, war der größte gemeinsame Nenner Musik. Das ist das Hauptthema von *Einfach so weg – Dein Buch zum Abschiednehmen, Loslassen und Festhalten* (2018). Das Buch bietet aber noch so viel mehr.

Teenager sind besondere Wesen. Sie sind keine Kinder mehr, aber auch noch nicht erwachsen. Sie sind dramatisch, zurückgezogen, laut, albern, ernsthaft, weise, unberechenbar, schüchtern, cool, hart, liebevoll und weich. All das und bestimmt noch viel mehr. In der Arbeit mit Teenagern sind für mich immer zwei Dinge essenziell wichtig: die richtige Mischung aus Nähe und Distanz zu finden und es niemals persönlich zu nehmen, wenn sie doof zu dir sind. Zum Beispiel, indem sie deine Arbeit boykottieren, indem sie zu allem Nein sagen und die Gruppe stören oder erst gar nicht auftauchen. Das ist nie persönlich gemeint.

Ein Beispiel: TrauerPower-Treffen mit ca. acht jungen Menschen zwischen 13 und 17 Jahren. Ein junger Mann, er ist 15, kommt heute zum dritten Mal. Und macht wieder nicht mit. Er ist da, aber stört, lacht, schaut aufs Handy, hört Musik, rappt mit oder schläft beziehungsweise tut so.

Nicht persönlich nehmen!? Leichter gesagt als getan, weil seine Schwingungen sich auf alle anderen übertragen, die ihn natürlich

Leidfaden, Heft 1 / 2024, S. 79–81, ISSN (Printausgabe): 2192-1202, ISSN (online): 2196-8217, © 2024 Vandenhoeck & Ruprecht

»Dann war die Frage, ob wir noch Organspende machen. Das war dann meine Entscheidung.«

Luisa, 19 Jahre, ihr Bruder starb mit 13 Jahren, als sie 15 Jahre alt war

auch irgendwie voll cool finden. Ich atme. Ich atme und lasse ihn, schenke ihm keine große Aufmerksamkeit, gebe ihm aber immer wieder das Gefühl, dass er Teil der Gruppe ist und wir für ihn da sind. Heute ist er nicht laut, beteiligt sich aber wieder nicht am angebotenen Programm. Als ich zehn Minuten vor Schluss alle bitte, beim Aufräumen zu helfen, nimmt er sich Stift und Papier und verzieht sich in eine Ecke. Ich will erst meckern und ihm sagen, er müsse helfen wie alle anderen. Mache ich dann aber nicht. Zum Glück.

Als alle sich verabschieden, drückt er mir einen Zettel in die Hand und macht sich schnell aus dem Staub. Auf dem Zettel steht ein wunderbares Gedicht für seinen verstorbenen Vater. Es endet mit den Worten: »Eins ist klar: Ich liebe dich. In meinem Herzen begleitest du mich.«

Puh. Als alle weg sind, heule ich erst mal ein bisschen. So gut.

Wie schon erwähnt ist Musik für trauernde Jugendliche sehr wichtig. Sicherlich für alle Menschen, die trauern. Musik kann Tränen lösen, die nicht herauskommen wollen, oder die Stimmung heben, wenn mal ein wenig Leichtigkeit gebraucht wird, oder sie hilft dabei, der Wut Raum zu geben.

Ich habe inzwischen von den Jugendlichen gelernt, dass die wenigsten die krass bösen Texte in Rap-Songs wirklich ernst nehmen und so meinen. Sie dienen vielmehr als Ventil, mal richtig Dampf abzulassen. Man muss sie nicht mögen, aber sie haben ihre Berechtigung, und es verbindet, die Texte nicht zu verteufeln, sondern sie auf Augenhöhe mit den Jugendlichen zu diskutieren.

Einen wichtigen Teil neben der Musik nehmen im Buch *Einfach so weg* fünf Kurzgeschichten zum Thema »Trauer« ein, die ich zusammen mit den Jugendlichen der verschiedenen Trauergruppen entwickelt und dann aufgeschrieben habe. Die Geschichten basieren – bis auf eine – nicht eins zu eins auf wahren Begebenheiten, beinhalten aber natürlich viel Wahrheit über Gefühle zur Trauer, die die Jugendlichen erlebt haben.

Die Trauergeschichte von Erik ist die eine komplett wahre. Er war 22 Jahre alt, als wir uns getroffen haben und er mir erzählte, wie es ihm als Zehnjährigem nach dem Tod seines Vaters ergangen war. Seine Geschichte heißt *Liebe Raupe* und berührt mich immer wieder besonders, denn sie ist so voller Liebe für sein kleines Ich. Und voller Weisheit.

Erik zur Arbeit an der Geschichte *Liebe Raupe:*

»Als mein Vater verstarb, war die Auswahl an Büchern sehr stark begrenzt und sie bezogen sich viel mehr auf fiktive Geschichten. Einen gedruckten Trauerbegleiter für Kinder und Jugendliche gab es nicht.

Ayşe gab mir die Möglichkeit, meine Geschichte zu erzählen. Schon oft habe ich über meine Vergangenheit reden müssen, jedoch war es in diesem Zusammenhang etwas Besonderes. Wenn es um den Tod meines Vaters ging, hatte ich sonst die Geschichte auf die nötigsten Details reduziert. Beim Gespräch mit Ayşe war dies jedoch anders. Ich wusste genau, für welchen Zweck dieses Buch dienen wird. Meine persönliche Motivation war es also, den Menschen draußen zu zeigen, dass sie keinesfalls mit diesem Problem allein sind. Also habe ich Ayşe höchst detailliert die Geschichte über den Tod meines Vaters und die daraus folgenden Probleme erzählt. Auch wenn ich mich selbst als gefestigt einschätzen würde, was meine Vergangenheit angeht, so habe ich an diesem Tag immer wieder den typischen Trauerkloß in meinem Hals gefühlt, und auch die ein oder andere Träne ist geflossen. Ich habe mich jedoch niemals in der Gegenwart von Ayşe unwohl gefühlt. Sie hat mir die Pausen gelassen, die ich gebraucht habe, und auch Taschentücher hatte sie parat. Ich habe mich mit meiner Geschichte verstanden gefühlt und bereue es bis heute nicht, ihr diese anvertraut zu haben. Im Gespräch damals habe ich viele Neologismen benutzt. Schon von klein an hatte ich diese Besonderheit, immer wieder neue Wörter zu schöpfen. Ayşe hat all diese Neologismen in die Geschichte eingepflegt, und das hat mich sehr gefreut. Früher wurde ich durch Lehrer und Eltern immer wieder verbessert und eines Besseren belehrt, dass es diese Wörter nicht gebe. Doch im Buch ist das völlig egal. Es ist meine Geschichte und es sind meine Regeln.

Nach dem Gespräch bin ich vollgepackt mit Glückshormonen nach Hause gefahren. Ich erinnere mich daran, dass ich sehr lange nach diesem Abend mein Lächeln nicht direkt wieder verloren habe oder vor mir selbst verstecken musste. Noch immer erzähle ich gerne von diesem Abend und präsentiere noch dazu meinen Text im Buch. Es hilft mir, in einigen Situationen leichter und besser meine Geschichte mitzuteilen.«

Neben Eriks Geschichte sind vier weitere wunderschöne Geschichten entstanden, die im Buch zu finden sind. Außerdem gibt es Kreativseiten wie Mandalas und Grabsteine zum Selbstgestalten, Zitate, Buch-, Film- und Song-Empfehlungen von Jugendlichen für Jugendliche, Seiten zum Eintragen von Erinnerungen und Gefühlen, Rituale, Rezepte für Cocktails und ein »Trostbrot«, Witze zum Totlachen und vieles mehr zur Unterstützung der Trauerarbeit von Jugendlichen und jungen Erwachsenen. Große und kleine Kinder möchten in ihrer Trauer ernst genommen werden, ich möchte sie ermutigen, so zu trauern, wie sie es brauchen. Trauer ist bunt. Jeder trauert anders, und jeder darf so trauern, wie es am besten hilft. (Natürlich ohne sich selbst und anderen zu schaden!)

Da Trauer oft mit Schuldgefühlen einhergeht, hilft meines Erachtens ein Satz, den ich den jungen Menschen mitgebe, immer ganz besonders: »Die, die gestorben sind, wünschen sich für euch nichts mehr, als dass ihr ein wunderschönes, glückliches und lebendiges Leben lebt. Das ist das größte Geschenk, das ihr ihnen machen könnt. Die Traurigkeit und das Vermissen gehören dazu, aber ihr lebt euer Leben weiter. Es darf und soll ein gutes sein.«

Ayşe Bosse ist Kinderbuchautorin, Schauspielerin, Trauerbegleiterin.

Kontakt: yengec@gmx.net

Bosse, A. (2016). Weil du mir so fehlst. Dein Buch fürs Abschiednehmen, Vermissen und Erinnern. Mit Illustrationen von Andreas Klammt. Hamburg.

Bosse, A. (2018). Einfach so weg. Dein Buch fürs Abschiednehmen, Loslassen und Festhalten. Mit Illustrationen von Andreas Klammt. Hamburg.

Handbuch der Kinder- und Jugendhospizarbeit

Birgit Weihrauch

Marcel Globisch, Thorsten Hillmann (Hrsg.) (2022). Handbuch der Kinder- und Jugendhospizarbeit. Grundlagen und Praxis. Ambulant, stationär, Bildung. Herausgegeben im Auftrag des Deutschen Kinderhospizvereins e. V. Esslingen: der hospiz verlag, 747 Seiten

Endlich, so möchte man sagen, liegen mit diesem Handbuch nunmehr ein fundiertes Grundlagenwerk und ein umfassender Praxisüberblick über die Kinder- und Jugendhospizarbeit in Deutschland vor – erschienen 32 Jahre nach Gründung des Deutschen Kinderhospizvereins e. V. (DKHV e. V.) und 24 Jahre nach Eröffnung des ersten deutschen stationären Kinderhospizes in Trägerschaft der Franziskanerinnen in Olpe.

In den vergangenen fast 25 Jahren ist in allen Teilen Deutschlands eine differenzierte Struktur ambulanter und stationärer Einrichtungen der Kinder- und Jugendhospizarbeit entstanden. Zudem wurden vielfältige Bildungsangebote geschaffen für die Aus- und Fortbildung der haupt- und ehrenamtlich Mitarbeitenden sowie für Betroffene und Interessierte, etwa Familien oder Schulen. Dass dies ein langer, oft steiniger Weg war von der klassischen Selbsthilfe betroffener Familien zu einem im Gesundheitssystem fest etablierten Baustein in der Betreuung und Begleitung lebensverkürzend erkrankter Kinder, Jugendlicher, junger Erwachsener und ihrer Familien, belegen die Schilderungen über die Anfänge der Kinder- und Jugendhospizarbeit in diesem Buch eindrucksvoll.

Das »Handbuch der Kinder- und Jugendhospizarbeit« ist 2022 im hospiz verlag erschienen. Es ist im Auftrag des Deutschen Kinderhospizvereins e. V. von Marcel Globisch und Thorsten Hillmann herausgegeben und somit von zwei seit vielen Jahren im Deutschen Kinderhospizverein engagierten Experten; unterstützt werden sie von Katrin Weimann als Projektmanagerin. Über 100 Autorinnen und Autoren waren bei der Erstellung der Texte beteiligt. Der Verlag hat dieses Buch auch als E-Book herausgebracht – bei dem beträchtlichen Umfang von insgesamt fast 750 Seiten sicher eine interessante Option, vor allem auch für jüngere Leserinnen und Leser.

Der erste Teil widmet sich der Einführung in die Grundlagen, Prinzipien und Begriffe der Kinder- und Jugendhospizarbeit. Es geht darum zu verstehen, was Kinder- und Jugendhospizarbeit eigentlich bedeutet, und um die Erfassung der dahinterstehenden Haltung. Darüber hinaus geht es um die Aufgaben- und Themenfelder, Verbandsstrukturen, Netzwerke und die Presse- und Öffentlichkeitsarbeit bis hin zum Haupt- und Ehrenamt und dessen Bedeutung. Leser und Leserinnen erhalten zudem Einblicke in Fragen der Zusammenarbeit, der Qualitätssicherung und des aktuellen Stands der Forschung. Dass allein dieser erste Teil rund 370 Seiten umfasst, macht die hohe Komplexität und Differenziertheit der dahinterstehenden Grundlagen und Prinzipien deutlich.

Der zweite Teil des Handbuchs umfasst die Praxis der Kinder- und Jugendhospizarbeit. Er ist in drei große Kapitel gegliedert: die ambulante und stationäre Kinder- und Jugendhospizarbeit sowie die Bildungsarbeit. Für den Bereich der ambulanten und stationären Hospizarbeit werden die zentralen Aspekte dargestellt: von

Leidfaden, Heft 1 / 2024, S. 82–85, ISSN (Printausgabe): 2192-1202, ISSN (online): 2196-8217, © 2024 Vandenhoeck & Ruprecht

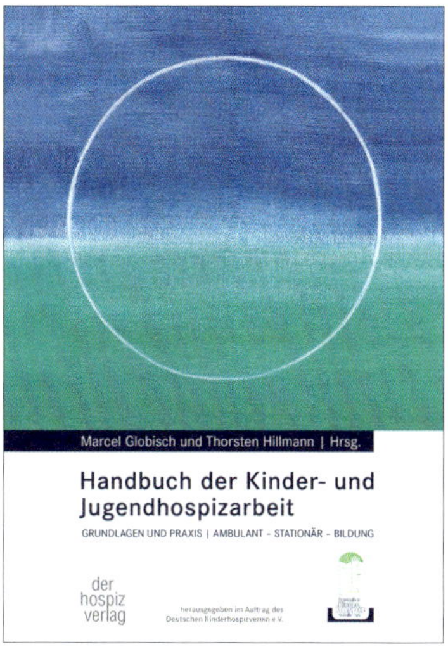

den rechtlichen Grundlagen und Rahmenbedingungen über die räumlichen, personellen und Zusammenarbeitsstrukturen bis hin zu ganz konkreten Themenfeldern und Situationen betroffener junger Menschen und ihrer Familien sowie deren Begleitung und Versorgung. Bereichert wird dies um Einblicke und Erfahrungsberichte aus der Praxis. Im Kapitel zur Bildungsarbeit schließlich wird auf die Bildungsangebote für die verschiedenen Zielgruppen eingegangen. Alle drei Kapitel schließen jeweils mit einem eigenen Unterkapitel zu den Zukunftsperspektiven ab.

Dieses profunde Grundlagenwerk wird in seiner umfassenden Beschreibung zentraler Bausteine der Kinder- und Jugendhospizarbeit aus Theorie und Praxis für ganz unterschiedliche Lesergruppen von großem Interesse sein. Es profitieren nicht nur Mitwirkende in der Kinder- und Jugendhospiz- und -palliativversorgung, an die sich die Herausgeber in erster Linie richten. Es profitieren ebenso die breite Fachöffentlichkeit in Verbänden und Wissenschaft sowie vor allem auch Entscheidungsträger und -trägerinnen in Politik und Gesundheitswesen, die sich mit den Fragen der Kinder- und Jugendhospizarbeit auseinandersetzen müssen. Darüber hinaus dürfte das Buch für viele unmittelbar oder mittelbar betroffene Familien und deren Nahestehende ein Gewinn sein, die hier Antworten auf ihre vielfältigen Fragen finden. Sie finden sie nicht nur in den zahlreichen fachlichen Beiträgen, sondern auch in jenen, in die das Erfahrungswissen betroffener Familien Eingang gefunden hat.

Mit diesem Handbuch ist ein Standardwerk entstanden, ein Grundlagenwerk, das, so verstehen es die beiden Herausgeber, »Erkenntnisse der Vergangenheit und Gegenwart (umfasst) und einen Blick in die Zukunft (wagt). Es bildet damit Fundament und Zeugnis der Kinder- und Jugendhospizarbeit im deutschsprachigen Raum und eröffnet unter Anwendung sowie Reflexion der Inhalte neue Möglichkeiten und kreative Schritte in eine gemeinsame Zukunft.«

Ich wünsche dem Buch allen Erfolg im Sinne dieses Herausgeberzitats und möglichst viele Leserinnen und Leser. Möge es professionell Tätigen, Betroffenen und Interessierten ein Wegweiser sein, Antworten auf ihre vielfältigen Fragen zu finden. Möge es aber auch dazu beitragen, die Sichtbarkeit und das Verständnis für die Kinder- und Jugendhospizarbeit zu verbessern und zu stärken. Die Kinder- und Jugendhospizarbeit ist Teil der Hospiz- und Palliativbewegung insgesamt und in vielerlei Hinsicht untrennbar mit ihr verbunden. Wichtig ist jedoch, dass sie auch mit ihren Besonderheiten gesehen und in ihrer Eigenständigkeit akzeptiert wird. Dies ist das Anliegen der Kinder- und Jugendhospizbewegung und besonders des Deutschen Kinderhospizvereins, für das sich die verantwortlichen Repräsentantinnen und Repräsentanten seit Jahren mit großem Engagement einsetzen. Das vorgelegte Handbuch kann hierzu einen wichtigen Beitrag leisten.

Wie Jugendliche ihre Trauer erleben

Brigitte Wörner

Tina Geldmacher, Angela Graumann (2023). »Das ist doch einfach nur Scheiße … um es mal auf den Punkt zu bringen!«. Wie Jugendliche ihre Trauer erleben. Burgwedel: OVIS-Verlag, 191 Seiten

Der Titel des Buches klingt provokant, könnte jedoch nicht treffender sein. Wie erleben Jugendliche und junge Erwachsene ihre Trauer?

Der Buchmarkt gibt für die Altersgruppe noch nicht sehr viel her. Das hier vorgestellte Buch ist kein Fachbuch im eigentlichen Sinne, sondern es möchte Jugendliche ansprechen und hat in interessierten Erwachsenen auch eine sicher neugierige und zugewandte Leserschaft. Der Umgang mit trauernden Jugendlichen und der Zugang zu ihnen sind oftmals geprägt von einem gefühlten Rückzug aus dem durch den Tod eines Familienmitglieds veränderten und gefährdeten Ursystem der Familie. Dort ist gerade alles durcheinandergeraten und nichts ist mehr am gewohnten Platz. Ein Elternteil ist gestorben, ein Bruder oder eine Schwester, ein naher Freund fehlt im engen Verbund von Familie und Freunden.

Acht Jugendliche und junge Erwachsene im Alter von 12 bis 22 Jahren geben dem Buch ihre Stimme und schildern, wie sie die Verluste um Vater, Mutter, Schwester, Bruder, Freund, Freundin erlebt haben, aus zeitlicher Distanz zum Geschehen. Die Sprache der Jugendlichen und jungen Erwachsenen ist deutlich, klar und prägnant. Ihre Schilderungen sind tröstlich und herausfordernd zugleich. Sie helfen uns, den Trauerprozess bei Jugendlichen besser einzuordnen. In der Summe beschreiben die Jugendlichen den Tod und den Verlust von An- und Zugehörigen als emotional überlebbar. Die Wirkung auf das weitere Leben bleibt – auch im guten Sinne. Deutlich wird, dass die Jugendlichen sehr oft in der eigenen Community mit dem Trauererleben aufgefangen und gehalten werden. Sprechen, Weinen, Klagen und auch Wütend-, Zornig- und Unausgeglichensein findet oftmals in der eigenen Community statt, die als erster sicherer Ort im Trauererleben empfunden wird. Manchmal wirkt dies auf die Erwachsenen im nahen Umfeld irritierend und verstörend, weil sie sich mehr Gemeinschaft und Zusammenhalt in der Familie wünschen.

Das Buch ist sinnvoll und wichtig in den Händen von den lesenden Jugendlichen (und das sind nicht wenige) zu wissen. Gleichzeitig eignet es sich auch für Schulklassen, Jugendgruppen, Firm- und Konfirmandengruppen, um sich aus der distanzierten und nicht betroffenen Sicht dem Thema »Sterben, Tod und Trauer« zu nähern und darüber ins Gespräch zu kommen. Vor allen Dingen jedoch sollte es Jugendlichen und jungen Erwachsenen zugänglich gemacht werden, die von einem nahen Verlust im Umfeld betroffen sind. Es unterstützt sie dabei, offensiver und mutiger mit der erlebten Trauer umzugehen.

Im Buch sind auch einige hilfreiche Hinweise für die Erwachsenen enthalten, die Orientierung geben, um die Trauer der Jugendlichen besser einordnen zu können. Ihnen hilft es, die Reaktionen, oder manchmal auch die gefühlten »Nicht-Reaktionen«, besser zu verstehen.

Ein lesenswertes Buch, das ein bisher eher vernachlässigtes Feld in der Trauer und Trauerarbeit in den Blick nimmt.

Trip mit Tropf
Susanne Hirsmüller

Josephine Mark (2022). Trip mit Tropf. Hamburg: Kibitz Verlag, 179 Seiten

In diesem wunderbaren, hinreißend komischen und dennoch sehr berührenden Buch, das eher Graphic Novel denn Comic ist, lernen wir einen Wolf mit Ehrenkodex und weichem Kern in harter Schale kennen. Durch einen Zufall rettet ihn ein krebskrankes Kaninchen mit seinem Infusionsständer vor der Kugel des Jägers. Fortan fühlt sich der Wolf aufgrund des Wolfkodex für das Leben des Kaninchens verantwortlich. Da beide nun auf der Flucht vor dem Jäger sind, entwickelt sich die Story zu einem rasanten Roadtrip mit Infusionsständer (siehe Beispielbild und Cover).

In ihrem mehrfach ausgezeichneten Buch gelingt es Josephine Mark, den (nicht nur jugendlichen) Leser:innen auf humorvolle Weise die Herausforderungen einer langwierigen Chemotherapie mit all ihren Nebenwirkungen – aus ihrer eigenen Erfahrung – nahezubringen. Dazu nutzt sie liebenswerte Charaktere: ein nur auf den ersten Blick ängstliches Kaninchen, einen nur nach außen unnahbaren Wolf, der angeblich keine Freunde braucht, einen tollpatschigen Jäger und viele andere mehr.

Auf ihrer gemeinsamen Flucht werden die »Feinde« nicht nur zu einer Schicksalsgemeinschaft, sondern eben zu echten Freunden. Weise, aber nicht altklug gelingt es dem kleinen Nager und einer Bärin, dem großen Wolf – und damit auch den Leser:innen – die Bedeutung von Gemeinschaft und Zusammenhalt zu vermitteln. Als der Haarausfall beim Kaninchen beginnt, zückt der Wolf ganz nebenbei eine Pudelmütze, die er angeblich beim Tanken als Bonus dazubekommen hat. Ohne Mitleid, aber empathisch schafft es der »raue Geselle«, die sonst eventuell peinliche Situation zu meistern.

Wie in jeder großen Abenteuergeschichte wartet jedes Mal, wenn man gerade denkt, nun haben sie es geschafft, eine neue Herausforderung, die die beiden zu bewältigen haben. So bleibt der Spannungsbogen erhalten und man selbst immer im Sog der Geschichte gefangen, gleichzeitig wird die »Langstrecke«, die eine Chemotherapie für die Erkrankten bedeutet, durch den Wechsel der Jahreszeiten sehr plastisch illustriert. Und als schließlich alles böse auszugehen droht, kommt Hilfe von unerwarteter Seite.

Josephine Mark thematisiert in dieser Geschichte die relevanten Themen, mit denen Menschen mit einer schweren (Krebs-)Erkrankung und ihr soziales Umfeld zu ringen haben, tiefsinnig und einfühlsam. Durch den wunderbaren Humor gelingt ihr stets eine Ausgewogenheit zwischen schweren Themen und Situationskomik.

Da Humor bekanntermaßen eine sehr wichtige Ressource für Betroffene und ihr soziales Umfeld sowie für die im Medizinsystem Tätigen darstellt, kann ich das Buch uneingeschränkt allen Leser:innen ab etwa zehn Jahren empfehlen – auch aktuell Erkrankten. »Trip mit Tropf« sollte in keinem Bücherschrank und auf keinem Regal in Beratungsstellen oder Psychotherapiepraxen fehlen.

Trauer und Fußball

Carmen Mayer

An einem heißen Tag im August war ich auf dem Weg ins Stadion, als ich einen älteren Herrn kennenlernte. Alex transportierte in seinem Rollator eine weiße Rose. Wir kamen ins Gespräch und er erzählte, dass die Blume für seinen vor kurzem verstorbenen Freund Dieter sei. Sie solle heute auf Dieters leerem Platz liegen in Erinnerung an ihn und er fügt mit einem Lachen hinzu: »Wenn der Dieter von oben runterschaut, dann weiß er, dass wir an ihn gedacht haben.« Er bat mich, ein Foto zu machen und ihm zukommen zu lassen.

marwi

Einige Zeit später besuchte ich Alex im Altersheim und er berichtete, dass er das Foto von dem leeren Sitz mit Blume der Witwe nach der Beerdigung überreicht habe und sie mir ausrichten lasse, sie habe sich gefreut, dass ihrem Dieter so gedacht wurde. Im Stadion, in der Kurve wird niemand vergessen.

Fast nirgends ist das Thema »Trauer und Tod« öffentlich so sichtbar wie im Fußball. Nicht nur leere Sitze mit Blumen erinnern an verstorbene Fans, sondern auch (selbstinitiierte) Schweigeminuten, Choreografien, Trauerflor, Wandbilder und Gedenkturniere. Beim 1. FC Union Berlin werden in der Halbzeitpause unter anderem Nachrufe auf verstorbene Fans verlesen, Fans lassen sich in Trikot und Schal bestatten und mancherorts ist sogar eine letzte Ruhestätte auf dem eigenen Fanfriedhof möglich.

Immer wieder sprechen auch Fußballer:innen in Interviews darüber, wie Fußball sie in Zeiten von Trauer unterstützt hat. Ebenso berichten Fußballfans davon, dass Fußball in ganz unterschiedlicher Form in Trauerzeiten eine wichtige Ressource war. Ich arbeite seit vielen Jahren als Trauerbegleiterin in eigener Praxis und habe 2018 das Projekt *Trauer und Fußball* initiiert. Die Motivation zu diesem Projekt entstand durch meine eigene Erfahrung, dass der Fußball mir nach dem Tod meiner beiden Kinder die Möglichkeit gegeben hat, Kraft zu tanken, abzuschalten, 90 Minu-

Leidfaden, Heft 1 / 2024, S. 86–89, ISSN (Printausgabe): 2192-1202, ISSN (online): 2196-8217, © 2024 Vandenhoeck & Ruprecht

ten allen Gefühlen freien Lauf zu lassen. Bis heute ist Fußball für mich eine wichtige Kraftquelle und Ressource.

Das Projekt *Trauer und Fußball* hat sich zur Aufgabe gemacht, verschiedene Ausdrucksformen der Trauerkultur im Fußball zu sammeln, zu ordnen, zu erforschen und verfügbar zu machen. Die Schwerpunkte der Arbeit sind »Fußball als Ressource in Zeiten von Trauer« sowie »Fußballmemorialkultur im Vereinigten Königreich«. Die Projektarbeit ist sehr vielfältig. So werden Vereine, Fanprojekte, Fans und Fanclubs zu dem Thema beraten und Weiterbildungen rund um das Thema »Umgang mit trauernden Fans und Mitgliedern« angeboten.

Darüber hinaus hat *Trauer und Fußball* in Kooperation mit der Beratungsstelle Inklusion im Fußball *KickIn!* das gemeinsame Projekt *Trauer unterm Flutlicht* initiiert, um vor allem Vereine aus der 1. und 2. Bundesliga bei der Etablierung einer Trauerkultur für Fans zu unterstützen.

Zudem bin ich als Expertin zum Thema »Trauerkultur im Fußball« zu Vorträgen, Tagungen und Workshops eingeladen, gebe Interviews und habe selbst Artikel zu dem Thema veröffentlicht. Zum fünfjährigen Jubiläum des Projekts wurde eine zweite Fanzine-Ausgabe »trauer & fußball« herausgebracht. Besonders am Herzen liegt dem Projekt auch die Netzwerkarbeit und es freut sich jederzeit über neue Kontakte und Möglichkeiten der Zusammenarbeit.

Vielfältige Informationen finden sich auf der Website www.trauerundfussball.de

© marwi

Carmen Mayer M.A. ist Trauerbegleiterin (BVT), Projektinitiatorin »Trauer und Fußball«, Fußballfan.

Illustration: Millie Chesters, Gestaltung m-design, Köln

Fanzine »trauer & fußball« #2 (Jubiläumsausgabe), Oktober 2023, hrsg. von Carmen Mayer/Projekt *Trauer und Fußball*, 72 Seiten

Im Fanzine gibt es u. a. ausführliche Einblicke in die Arbeit von *Trauer und Fußball* mit Kommentierungen von langjährigen Wegbegleiter:innen, Fans erzählen von ihren ganz persönlichen Erfahrungen, wie Fußball in Trauerzeiten eine Ressource war, und es wird an zwei verstorbene Wegbegleiter in ganz besonderer Form erinnert.

Das Fanzine kann über fanzine2023@trauerundfussball.de bestellt werden. Es wird innerhalb Deutschlands kostenfrei versendet und wir freuen uns über eine Spende an die Supporters Crew Freiburg e. V., die die Druck- und Versandkosten tragen.

Lebensweltlich orientierte Trauerbegleitung

Carmen Birkholz

In einem Seminar mit Student:innen der Sozialen Arbeit im Ruhrgebiet zur lebensweltlich orientierten Trauerbegleitung habe ich die Lebenswelt des Fußballs in den Fokus genommen. In einer Seminareinheit haben die, die einen lebendigen Bezug zum Fußball haben, denen, die mit der Lebenswelt des Fußballs nicht vertraut waren, ihre Welt erklärt. Ich habe selten eine so lebendige und interessierte Seminareinheit erlebt. Es herrschte auf der einen Seite eine offene und forschend-neugierige Haltung, die den Fußballbegeisterten durch interessierte Fragen Raum gab, die verschiedenen Bedeutungsebenen zu erschließen und sie mit Trauer in Verbindung zu setzen.

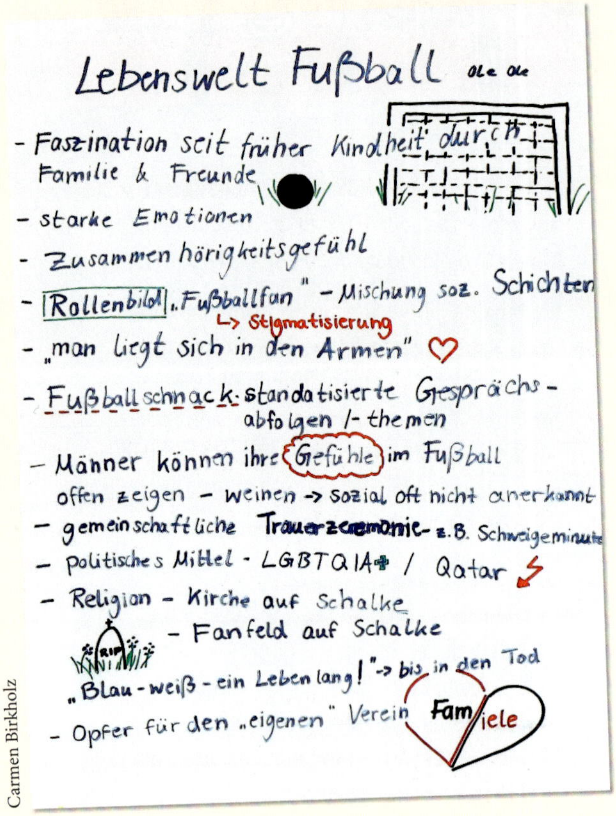

Carmen Birkholz

Auf der anderen Seite geschah eine Sensibilisierung für die Bedeutung des Fußballs für die Mitstudent:innen und es wurde Einblick ins Herz ihrer Welt gewährt. Die Theorie von Hans Thiersch zur lebensweltorientierten Sozialen Arbeit wurde dabei erfahr- und verstehbar.

In Anlehnung an seine Theorie lässt sich für Trauerbegleiter:innen formulieren, dass sie offene Sinne benötigen, um die Welt des anderen Menschen in seiner Bedeutung wahrzunehmen. Trauerbegleitung lässt sich auf eine Pilgerschaft ein mit Menschen, die einen existenziell bedeutsamen Verlust erfahren haben. Je offener und forschend-neugieriger ein:e Trauerbegleiter:in ist, umso eher kann ein trauernder Mensch in sein heilsames Erzählen und Ausdrücken kommen. Er findet auf dem Erzählweg, was jetzt wichtig ist, begegnet seinem Schmerz, den Schätzen des gelebten Lebens und den Verwundungen des ungelebten Lebens, die im Raum des aufmerksamen Gesehenwerdens im Moment und im Nachspüren Verwandlung erfahren können. Das ganz individuelle Mosaik eines Trauerer-

Carmen Birkholz

lebens kann im hörenden Raum sichtbar werden: für die Betroffenen und für die Trauerbegleiter:innen.

Lebensweltlich orientierte Trauerbegleitung wirkt daher in der Gegenwart, reagiert auf das Hier und Jetzt. Sie gibt dem, was ist, Raum und orientiert sich dabei an der Klientin und ihrer subjektiven Interpretation und Relevanzsetzung. Sie nimmt dabei die sozialen Bezüge wahr und integriert sie in den Horizont der Trauerbegleitung. So wirkt sie im Alltag der Klientin und erkennt die Strukturen dieses Alltags. Trauerbegleiter:innen lernen so selbst enorm viel von ihren Klient:innen und dürfen Gast sein in einer für sie fremden Welt. Als Gast bewegen sie sich in der Lebenswelt des anderen mit Respekt und Wertschätzung und immer mit der Haltung, dass die:der andere sich in dieser Welt auskennt und die Schlüssel in der Hand hält. Dies eröffnet Trauerbegleiter:innen weitere Türen zu der Person; Vertrauen und Verstehen wachsen.

Im Konzept der lebensweltlich orientierten Trauerbegleitung hat Aktivismus keinen Platz. Trauernde Menschen, die Unterstützung suchen, sind kein Markt für die Produkte der Kreativität der Trauerbegleiter:innen. Zur lebensweltlichen Orientierung gehört die Dialektik, dass sie die anderen in ihrer Welt begleiten möchten, aber selbst nicht Teil dieser Welt sind. Als Lernende von der Person, die trauert, hören Begleiter:innen in erster Linie mit allen Sinnen zu. Damit entsteht ein Raum in der Beziehung, der trauernde Menschen ihre eigenen Gedanken, Symbole, Impulse spüren und ausdrücken lässt. Darin ist lebensweltlich orientierte Trauerbegleitung Hilfe zur Selbsthilfe und fördert die Selbstwirksamkeit als eine grundlegend heilsame Kompetenz von trauernden Menschen.

Menschen wählen dann die Symbole, die ihr Empfinden ausdrücken. In meiner Arbeit mit verwaisten Eltern erlebe ich dabei immer wieder, welche Bedeutung Fußball und die gemeinsamen Erfahrungen im Stadion für Eltern spielen. Kreative Angebote werden dann aufgenommen und die eigenen Relevanzen integriert, wie bei einem Weihnachtsengel in den Farben des VFL Bochum. So wird der Trauerweg als Pilgerweg zu einer herausfordernden, aber auch gestaltbaren und bereichernden Lebenserfahrung.

Dr[in] phil. **Carmen Birkholz**, Diplom-Theologin, arbeitete und forscht in ihrem Institut für Lebensbegleitung in Essen zu Spiritualität, Spiritual Care, Trauer, Demenz, geistige Behinderung und Palliative Care. Sie ist tätig als Trainerin und Beraterin und Lehrbeauftragte an der Evangelischen Hochschule Rheinland-Westfalen-Lippe, Bochum und der Katholischen Hochschule Münster.

Kontakt: birkholz@institut-lebensbegleitung.de

Literatur

Thiersch, H. (1992/2014). Lebensweltorientierte Soziale Arbeit. Aufgaben der Praxis im sozialen Wandel. 9. Auflage. Weinheim.

Thiersch, H. (2020). Lebensweltorientierte Soziale Arbeit – revisited. Weinheim/Basel.

Vorschau Heft 2 | 2024

Krisen(er)Leben

Biografische Einbrüche und Krebsdiagnose

Rückbesinnen auf Ressourcen und Stärken: Was gibt uns Halt in unsicheren Zeiten? – Resilienz

Eine Krise jagt die andere – wir leben im Krisenmodus
Gesellschaftlicher und historischer Wandel

In der Krise Stabilität erwandern

Copingstrategien von alten Menschen bei Einzug in ein Pflegeheim

Generationswechsel im Hospiz: Pionier*innen treten aus Altersgründen zurück

u. a. m.

Impressum

Herausgeber/-innen:
Rainer Simader, Dachverband Hospiz Österreich, Ungargasse 3/1/18, A-1030 Wien
E-Mail: simaderr@gmail.com

Prof. Dr. med. Lukas Radbruch, Zentrum für Palliativmedizin,
Von-Hompesch-Str. 1, D-53123 Bonn
E-Mail: Lukas.Radbruch@ukbonn.de

Dr. phil. Sylvia Brathuhn, Frauenselbsthilfe Krebs e.V.,
Landesverband Rheinland-Pfalz/Saarland e.V.
Schweidnitzer Str. 17, D-56566 Neuwied
E-Mail: Brathuhn@t-online.de

Dipl.-Sozialpäd. Heiner Melching (Berlin), Monika Müller, M.A. (Rheinbach),
Dipl.-Päd. Petra Rechenberg-Winter M.A. (Hamburg),
Dipl.-Pflegefachfrau Erika Schärer-Santschi (Thun, Schweiz),
Dipl.-Psych. Margit Schröer (Düsseldorf), Prof. Dr. Reiner Sörries (Erlangen),
Peggy Steinhauser (Hamburg)

Kontaktanfragen und Rezensionsvorschläge richten Sie bitte an
Rainer Simader: simaderr@gmail.com

Redaktion:
Ulrike Rastin M. A. (V. i. S. d. P.),
BRILL Deutschland GmbH
Vandenhoeck & Ruprecht
Robert-Bosch-Breite 10, D-37079 Göttingen
Tel.: 0551-5084-423
E-Mail: ulrike.rastin@v-r.de

Bezugsbedingungen:
Die Zeitschrift erscheint viermal jährlich. Es gilt die gesetzliche Kündigungsfrist
für Zeitschriften-Abonnements. Die Kündigung ist schriftlich zu richten an:
Brockhaus Kommissionsgeschäft GmbH, Leserservice, Kreidlerstraße 9, D-70806 Kornwestheim,
E-Mail: zeitschriften@brocom.de.
Unsere allgemeinen Geschäftsbedingungen, Preise sowie weitere Informationen
finden Sie unter www.vandenhoeck-ruprecht-verlage.com.

Verlag:
BRILL Deutschland GmbH, Robert-Bosch-Breite 10,
D-37079 Göttingen; Tel.: 0551-5084-300, Fax: 0551-5084-454
www.vandenhoeck-ruprecht-verlage.com

ISSN (Printausgabe): 2192-1202, ISSN (online): 2196-8217
ISBN 978-3-525-80626-5
ISBN 978-3-647-80626-6 (E-Book)

Umschlagabbildung: suschaa / photocase.de

Verantwortlich für die Anzeigen: Ulrike Vockenberg, Brill Deutschland GmbH,
Robert-Bosch-Breite 10, D-37079 Göttingen, Kontakt: anzeigen@v-r.de

Gestaltung, Satz und Lithografie: SchwabScantechnik, Göttingen
Druck und Bindung: Beltz Grafische Betriebe GmbH, Bad Langensalza

Printed in Germany